县域政府绩效管理

鹤山十年实践

甄荣毅　主编

南方日报出版社
NANFANG DAILY PRESS
中国·广州

图书在版编目（CIP）数据

县域政府绩效管理 ： 鹤山十年实践 / 甄荣毅编. — 广州 ： 南方日报出版社，2015.11
ISBN 978-7-5491-1313-2

Ⅰ. ①县… Ⅱ. ①甄… Ⅲ. ①县－地方政府－行政管理－研究－鹤山市 Ⅳ. ①D625.654

中国版本图书馆 CIP 数据核字(2015)第 228601 号

XIANYU ZHENGFU JIXIAO GUANLI
县域政府绩效管理 —— 鹤山十年实践

编　　者：甄荣毅
出版发行：南方日报出版社
地　　址：广州市广州大道中 289 号
经　　销：全国新华书店
印　　刷：佛山市浩文彩色印刷有限公司
开　　本：889mm×1194mm　1/16
印　　张：14.25
字　　数：175 千字
版　　次：2015 年 11 月第 1 版
印　　次：2015 年 11 月第 1 次印刷
定　　价：36.00 元

投稿热线：（020）87373998-8503　读者热线：（020）87373998-8502

网址：http://www.nanfangdaily.com.cn/press　http://www.southcn.com/ebook

广东·鹤山

全国政府绩效管理创新示范点

（中国行政学会、全国政府绩效管理研究会授予，2010年10月）

首届中国治理创新100佳经验·政府创新10佳

（人民日报社、人民论坛杂志社评选，2014年6月）

《中国政府绩效管理试点案例》（2）

《县域政府绩效管理——鹤山十年实践》

基金项目

国家社科基金重大项目（项目编号：11&ZD057）

联合编辑

全国政府绩效管理研究会

广东省政府绩效管理研究会

中共广东省鹤山市委、市人民政府

华南理工大学政府绩效评价中心

编委会

序
一

推行政府绩效管理　促进社会科学发展

/　陈伟东

伴随着郡县制的产生，我国历代王朝就开始探索建立完善的官吏考核制度，如秦汉时期的考课制度、唐代的考课法、宋代的“磨勘”、明代的“考满”和“军政”、清代的“四格八法”制度等等。尽管考核制度形式各样，但最终目的还是通过严格的考核来优化和更新官员队伍，推动勤政廉政建设，提高政府工作效能。

新中国成立后，特别是改革开放以来，人民群众对政府依法行政、高效行政的期待和要求越来越高。如何运用有限的行政资源，正确履行宪法和法律赋予的职责，不断提高行政效能，是各级政府都要认真对待并切实解决的重要课题。实践证明，推行政府绩效管理制度，有利于进一步改善行政管理，提高政府正确履职的能力和水平，完成向“服务型”政府的转变；有利于进一步推进机关作风建设，为人民群众提供更加优质高效的服务；有利于进一步加强对行政权力的制约和监督，从源头上防治腐败。

近年来，我国一些地区和部门先行先试，结合实际积极创新政府管理理念和方法，探索开展政府绩效管理工作，为改善行政管理、提高政府效能、加强勤政廉政建设积累了有益经验。鹤山市是国内较早进行政府绩效管理实践探索的县级市之一。从2003年起，鹤山市通过学习借鉴当前国内外学术界关于政府绩效管理的新观点与新方法，结合鹤山的实际，采取循序渐进的方式，建立起与基层治理、机关作风、公共财政、服务效率相关联的考核评价制度，引导公共部门与镇级政府转变职能，注重绩效，关注民生，重视民意，形成一整套符合基层实际、有地方特点的政府绩效管理体系，走上了以科学的考核评价推动科学发展的路子。

2012年，广东省人民政府下发文件，决定在全省开展政府绩效管理试点工作。作为广东省唯一一个县级政府绩效管理试点单位，鹤山市总结以往经验，更加深入地开展理论研究和实践探索，取得了长足进步，并于2014年在中国首届"政府创新十佳经验"评选中榜上有名。

一是考核指标体系更加完善。考核评价指标体系是政府绩效考核的核心，指标怎样考核，权重向哪个方向倾斜，地方政府就会朝那个方向努力。所以在考核指标体系的设计上，鹤山市采用德尔菲法、KPI法与360度考评法，根据职能的异同，将镇级政府之间和机关部门之间进行合理分类，并通过优化指标内容，增加与社会民生息息相关的项目，如农村"三资"管理、食品安全、城乡生活垃圾无害化处理等，采用加减法调整指标权重，大大提高了指标体系的科学性和合理性。

二是考核方式方法独具创新。基于信息化角度进行政府绩效管理，是近年来国内学者和一些地方政府关注的热点。鹤山市在借鉴其他地方先进经验的基础上，结合本地实际，与科研公司共同研发建设了绩效信息管理系统和信息资源共享平台，进一步提高了政府工作的效率，更重要的是能够最大限度地减少人为因素的影响，做到绩效考核程序透明和动作规范，实现了政府绩效的有效管理。

三是考核过程监管不断加强。运用电子监察系统强化政府工作监管，是纪委监察部门的一张"王牌"。鹤山市把电子监察纳入绩效考核，一方面完善已建立的8个电子监察系统，另一方面增建政府采购、产权交易和财政性资金运行3个电子监察系统，拓宽了监察领域，推进了"阳光政府"建设。同时，鹤山市建立了"市委督查+市府督办+电子监察"的三维工作新模式，对已纳入政府预算并具备施工条件的重点工程项目实施电子监察。这是一项创举，能够大力推动重点工程项目按时按质完成，提高群众对政府执行力的满意度。

《县域政府绩效管理——鹤山十年实践》一书，是在原来政府绩效评价不断完善的基础上，加入绩效管理信息化平台建设等试点工作新经验。该书对“鹤山特色”政府绩效管理进行了更深入更全面的描述，是鹤山市在探索开展政府绩效管理道路上新的理论结晶和实践成果，必将发挥很好的示范引导作用。希望鹤山市在政府绩效管理道路上继续开拓创新，围绕贯彻落实党的十八大提出的“创新行政管理方式，提高政府公信力和执行力”的要求，为政府职能转变和管理创新做出更大的贡献。

（作者系中共广东省纪委副书记）

序
二

从传统目标考核走向现代绩效管理的坚实一步

/ 刘旭涛

2008年4月份，我在给江门市领导讲授政府绩效管理专题时，接触并了解到鹤山市政府绩效管理和评估的一些做法。说实在的，刚开始我以为这只是我国众多地方政府的实践探索之一，并没有从根本上摆脱我国传统目标考核的思路。甚至当开始粗读这本书的清样时，我仍然固守着这份偏见。但是，当我细细展读这本书时，却发现鹤山市多年的实践探索着实显现出卓有成效的亮点。这些亮点，来自于鹤山市领导实践探索的决心和持之以恒的改进优化相结合，来自于我国经济发展总体形势和地方改革发展实际相结合，来自于当代政府绩效管理理念与我国地方政府管理实际相结合。《县域政府绩效管理——鹤山十年实践》这本书，不仅从整体上给我们展示了鹤山市政府绩效管理的做法，而且更重要的是，作者从中提炼出一些非常有价值的理念创新和技术创新，从而为当前我国党政机关破解政府绩效管理难题带来了有益的启迪，特别是为县域政府（包括县级政府和乡镇政府）绩效管理的开展提供了很好的标杆。鹤山市的实践探索无疑向现代政府绩效管理制度迈出了坚实的一步。

其一，全新的绩效理念的导入。从传统的目标考核到现代绩效管理，在我国仍然需要一个艰巨而漫长的过程。这种转变不仅仅是技术工具的更替，更主要的是政府治理理念的转变、领导者政绩观念的转变、机关行政文化的转变等等。尽管这些转变在我国已经开始，但并非一朝一夕能够解决。和其他地方政府的做法类似，鹤山实践虽然也源自于在我国地方政府长期流行的目标考核责任制，但却突破了以往过分关注“打分排名、评比评优”的“考核导向”，逐步注入了新的绩效管理理念，即通过绩效评估，关注政府自身能力的不断提升，关注政府绩效的持续改进，关注地区经济社会的全面协调可持续发展，关注群众满意的最终服务效果。虽然受制于我国传统考核文化的影响，作为县一级政府很难在此做出根本性的改变，但我们可以从鹤山市多年的实践探索中看到这种理念变化的端倪。

其二，规范化管理系统的配套跟进。传统的目标考核以上级部门和领导的意志为导向，考核指标、考核标准存在很大的主观性和随意性。而绩效管理系统不仅仅是建立一套考核指标体系和评估办法，更应该通过评估促进政府有效履行职责。从笔者这些年的实地调研看，很多地方同志都有这样的切身体会：规范化的管理系统、明确的职能定位和完善的工作计划系统是开展政府绩效评估的重要基础和前提条件。绩效管理系统需要预先有规范的政府职责、明确的绩效计划和目标，唯有如此，绩效评估才会有科学的依据和标准。在鹤山实践中，乡镇政府的绩效考核，根据中央编办对我国乡镇政府职能的表述予以明确界定并加以细化，对市直部门则明确依照部门的“三定”方案，对部门职责进行细化分解，从而真正发挥出政府绩效评估工具在促进政府履行职责方面的功效。

其三，和谐绩效文化的建设和传播。如果说规范化管理系统是开展政府绩效评估的“硬环境”建设，那么绩效文化建设就是一种“软环境”建设。所谓绩效文化，就是所有绩效管理参与者对追求组织高绩效的共同认同。传统目标考核更多的是一种上级对下级的“施压”工具，往往是主要领导愿意考核，而操作者存在畏难情绪，考核对象存在抵触情绪。这种现象更多地来自全员对开展绩效考核的不认同。从鹤山实践的经验看，自2003年鹤山市开始政府绩效考核的探索以来，在实践中不断调整和改进，充分调动政府绩效考核参与者的积极性，既有领导的高度重视和组织实施机构的精心设计、有效协调，也有相关部门和考核对象的积极参与和大力配合，更有服务对象和百姓群众的有效参与。通过动员多主体参与政府绩效考评，传播了政府绩效的理念，传递了政府绩效信息，使政府绩效考评体系深入“官心”和“民心”，从而培育了政府绩效文化，实现了“被动应考”到“主动迎考”的飞跃。

其四，针对性的技术工具开发和创新。评估技术和手段是保证绩效管理最终落到实处的根本保障。在现有体制性障碍一时难以破除的情况下，技术工具创新就成为基层政府管理创新的现实选择和有效路径。鹤山市的绩效管理实践尤其在这方面做出了卓有成效的探索，在一定程度上解决了很多政府绩效评估的疑难问题。在乡镇之间、职能部门之间的绩效可比性问题上，运用科学分类、细分服务对象类群、精细化评估问卷等方式，大大提高了考核对象之间的可比性；在服务对象和政府工作之间存在的“信息不对称”问题上，通过运用360度综合评价方法，坚持考评方式与考评对象、考评目的和考评内容相匹配的原则，从而确保评估的公正性和相对准确性；在约束部分考核对象存在的追求短期行为问题上，创造性地引入领导干部风险基金管理方法，引导领导干部更加注重长远和潜在的绩效。这些技术工具从细节角度，对于政府绩效管理系统的改进和优化，对于绩效评估结果的科学、客观和公正均起到有效的保障作用。

尽管鹤山市在政府绩效管理实践方面做出了卓有成效的工作，但由于政府绩效管理工作在我国才刚刚起步，而多年来在我国地方政府工作中，传统的工作方式和行为习惯仍具有强大的惯性，因此，在推行政府绩效管理的过程中，如何对传统做法的负面性因素进行逐步纠正，如何对绩效管理的理念和做法进行消化和吸收，我个人认为仍是一个长期而艰巨的任务。此外，西方国家现有的一些绩效管理理念是否完全适合于当下的中国，也是一个值得理论探索和实践验证的课题。这里仅举以下几个问题：（1）英美国家盛行的“结果导向”绩效评估，在目前的中国是否适用，是否会产生人为操控结果的问题？（2）如何避免绩效评估中的政绩工程问题，如何避免绩效评估蜕变为某些领导者实现个人政治意图的工具？（3）如何看待绩效评估工具本身的局限性，它在哪些方面有效，在哪些方面失效？（4）如何改进和优化绩效评估的应用环境，包括理念认识、组织管理系统、组织文化等因素？这些问题不仅仅是理论上需要回答的问题，更需要在我们的实践中加以验证。因此，我本人也期待着鹤山市县域政府绩效管理的实践探索能给我们带来更多的发现和启迪。

（作者系国家行政学院领导人员考试测评研究中心副主任、教授，全国政府绩效管理研究会常务理事。此文为2009年《县域政府绩效考核评价——鹤山实践》序）

序
三

基层政府绩效考评：关注鹤山实践

/ 郑方辉

政府绩效评价是现代政府管理创新的前沿课题。作为民主导向的技术工具，政府绩效评价体现结果导向及满意度导向，成为重塑政府的范本。事实上，源自西方政治制度基本框架内的政府绩效评价有着深刻的社会背景及内置的价值导向，作为政府管理方式创新的一种手段，它贯穿了公共责任与顾客至上的管理理念，强化公共服务的结果导向，在追求经济、效率、效果的基础上，全面回应公民祈求，即凸现所谓“公平性”。或者说，政府绩效评价一开始就存在清晰的目标导向，包括价值目标及技术目标。从组织管理的角度，政府绩效评价的价值目标即民主目标，可视为政府的公信力，技术目标追求政府管治的效率效果，体现政府的执行力。

我国自21世纪初开始引入政府绩效评价的理论方法研究，并在一些地区探索本土化实践，形成了一些典型个案。2011年，国务院已批复由监察部牵头建立政府绩效管理工作部际联席会议制度，并选择北京等地进行工作试点，为全国全面推行政府绩效管理制度探索积累经验。如果说，始于2000年的福建省推行机关效能建设为中国特色的“政府绩效管理与评价”的始端，那么，之后十余年，从目标考核到科学发展观考评，再到政府绩效管理试点，折射了我国政府管理创新的历程，触及到行政体制改革的中枢。尽管2014年试点工作的牵头单位由监察部转移到中央编办，但各地的试点经验值得总结。

从中国历史看，为了约束和督促政府官员，历代统治者都重视考评制度的建设与完善，“绩效”概念可以追溯到中国古代的选官。而现代意义上的政府绩效评价制度发端和建立于20世纪60年代。为提升效能、降低成本，美国会计总署率先建立以经济性、效率性、效果性和公平性为考量的绩效评价体系，试图解决植根于传统机器大工业的官僚制模式的弊端和政府管理的困境。在声势浩大、旷日持久的“新公共管理”运动中，产生了如美国的“联邦政府生产力测定方案”、英国的“雷纳评审”等政府绩效评价法案。自20世纪80年代以来，评价政府绩效成为世界性潮流。

和传统的评价理念和方法有别，政府绩效评价具有鲜明的特征：首先，“服务为本”和“公众满意”是政府绩效评价的价值导向。20世纪80年代以来西方国家的“政府再造”运动将政府和公众之间的关系由管理者与被管理者转变为公共服务的提供者与消费者之间的关系，要求政府把追求服务质量、争取公民满意作为自身的使命，始终维护社会公平与民主价值。其次，外部评价与“结果导向”构成政府绩效评价行为模式的内在要求。我国政府体制具有高度的封闭性和单向性，经验表明，依靠自上而下的体制内监督来提升政府绩效和公众信心的作用相当有限。体制外评价及其强化结果导向不仅回答了由谁来评价、为谁评价的重大理论问题，亦为构建具有可操作性的评价技术体系提供了路径。最后，“行政问责”与评价结果一脉相承。将评价结果视为行政问责制度的核心组成部分为民主文化的典型特征，唯有此才可体现评价的价值。

在我国政府绩效评价的体系中，县、镇基层政府评价处于重要地位。郡县制作为行政区划制度，定型于战国时代的秦国商鞅变法时期，距今已有2300多年历史。有人认为，中华民族能和谐融合、生生相息，与郡县制度密不可分。同时，不少人认同，我国改革开放的成功，某种程度上是基层政府之间竞争的结果，但由于缺乏明晰的导向和有效的约束，这种行政主体的竞争必然循着争取更大的权力、争取更多的项目、保护更大市场等方面伸张，重复建设和重复投资的源头在此，现代市场经济基本规则严重滞后的源头在此，而同一级政府却拥有不同的行政权责的源头亦在此，恐怕世界上没有哪个国家地方政府行政级别及其称谓如此复杂。要改变此种状况，迫切需要重新规制地方政府的行为及其冲动，将“争取更多的权力”转移到“提升更大的绩效”提供更好的服务目标上来。从这个意义上说，十年来，鹤山绩效考评的实践具有示范价值。

和珠三角其他新兴工业城市一样，鹤山市已全面实现了农业经济向工业经济转型。进入新世纪以来，市委、市政府提出了“科学规划、集约发展、科教创新、生态优先”四大方针，致力于建设“富强鹤山、文明鹤山、生态鹤山、和谐鹤山”。为此，自2003年开始即在全市逐步建立了基层政府绩效考评制度，旨在推进政府转变职能、提高行政效率、实现人民满意。应该说，鹤山的探索已初见成效，是江门、广东乃至全国基层政府绩效考评的先行者。

正因为如此，作为绩效评价的研究者，近几年来，我们一直关注鹤山的实践和经验，以及中国基层政府绩效考评的功能和方向。对照全国其他地方的同类做法，我以为“鹤山实践”逐渐形成了自身的特色，主要体现在以下几个方面：

首先，置于“绩效管理”的高度，以绩效考评推进政府职能转变。鹤山的绩效考评一开始即置于政府“绩效管理”的视域，具有全局性和前瞻性，旨在实现基层政府管理方式创新。比方说：充分尊重地方多样性，区别对待不同区域发展；针对职能部门业务复杂的特性，分类有序推进公共部门绩效评价；将辖下纵向的乡镇政府绩效评价与横向的政府职能工作部门绩效评价有机结合起来；以绩效评价带动全局工作，推动政府职能转变；等等。

其次，突出考评的终极的标准在于人民满意，探索引入外部评议。鹤山绩效考评着眼于社会和公众的参与，引入民意调查——“群众满意度测评”；贯彻市场反应、群众接受和上级认可三位一体的原则，充分发挥和动员人民群众的积极参与。这些做法体现了执政为民的理念以及政府绩效的“客户中心”意识。此外，鹤山还引入专家参与和组织第三方绩效评价，充分发挥专家智库作用；将本市自我评价与省、地市评价结果进行比照，以印证自我评价的准确性和真实度。

最后，在实践中不断完善评价的技术体系和培育绩效文化。鹤山绩效考评科学、全面和动态地把握绩效考核指标，强调结果导向，坚持定量与定性相结合的原则，构建立体的绩效评价体系。先后出台了一系列规定绩效评价程序方法和原则的具体地方性规范和操作性细则，为考评的规范化和程序化奠定了良好的制度基础；较好地理解并把握了责任理念和风险意识，创造性地引入领导干部风险基金管理，与任期经济责任审计和干部监督工作紧密结合起来。同时，充分考虑社会经济情势变化所带来的不定因素，动态把握考评原则和标准，坚持政策的延续性，并且从战略高度，前瞻性地培育富有鹤山特色的基层政府绩效文化。

当然，作为一种新的尝试，鹤山实践仍存在值得商榷与完善的地方，如：本质上仍为体制内部的目标责任制考核，或者说标杆管理的一种新形式，主要测量的是基层政府（部门）“正在做什么”，与“应该做什么”存在一定的距离；技术体系带有较强的经验性，欠缺足够说服力；局限于组织部门内部操作，专业化程度有待提高；等等。但不管怎么说，鹤山实践折射基层政府管理创新的活力，对推动我国地方政府绩效评价实践，建设绩效型政府具有重要的意义。

几年前，鹤山市委组织部杨健平、张学东部长和华南理工大学李文彬博士牵头编著出版了《县域政府绩效考核评价——鹤山实践》。如今，经过补充、提炼、完善，融入了近几年鹤山市的一些新做法与经验后，再由南方日报出版社出版，这是一项有成就感的工作，也是一种担当。我乐意将新著作再推荐给广大读者。

（作者系华南理工大学公共管理学院/法学院教授、博士生导师，政府绩效评价中心主任，全国政府绩效管理研究会副会长，广东经济学会副会长）

目录

第一章

鹤山政府绩效管理历程

当前我国正处于社会经济矛盾突出的转型时期，因此，建设具有较强治理能力的地方政府，提高其管理创新能力，就显得至关重要。“郡县治，则天下治”。县域是具有地域特色和完备功能的基层行政区域，是社会经济具有区域性和综合性特征的基本单元，是社会经济发展的主要支撑和协调城乡关系的重要环节。广东省鹤山市是地处珠江三角洲西部的一个县级市。近年来，鹤山致力于科学发展，社会经济发展势头良好。但在迅猛发展的过程中，鹤山市委、市政府清醒地意识到，要获得经济的高质量发展，必须着手引入绩效管理创新，以提升政府管理水平、打造现代政府。从2003年起，鹤山市政府通过学习借鉴当前国内外学术界关于政府绩效管理的新观点与新方法，并结合自身发展的实际，同时紧扣加快县域社会经济转型与提高政府管理创新能力的时代要求，着手探索建立与基层治理、机关作风、公共财政、服务效率相关联的绩效考核和管理制度，对外则引导市直机关和镇级政府转变职能，注重绩效，关注民生，重视民意。经过十年实践，鹤山市政府已经形成了一整套符合基层实际、具备地方特色的政府绩效评价体系，实现了以科学的政府管理创新推动社会经济发展的有效转型，取得良好成效，积累了一定的经验。

第一节

县域社会经济转型与政府管理创新

一、县域社会经济转型需要政府管理创新

当前，推进政府管理创新已成为全球化的趋势。我国处于社会经济发展的重要转型期，随着社会主义市场经济体制的日益完善，原有的政府管理体制已日益不能适应新形势要求，政府管理理念和手段存在的诸多问题成为制约社会经济发展转型的瓶颈，社会发展中的深层次矛盾导致的不稳定因素大都与政府管理水平低下、政府管理改革滞后相关。如何顺应社会经济发展的新形势新要求，进一步加强政府管理创新，有效推动法治政府、服务政府、责任政府和效能政府建设，对于深入贯彻落实科学发展观、构建社会主义和谐社会、实现全面建设小康社会宏伟目标具有重要意义。从新公共管理的视角分析，政府管理主要包括战略管理、政策管理、资源管理和项目管理。相应地，政府管理创新能力可划分为四个层次：战略规划能力、公共政策能力、资源管理能力和项目管理能力。

改革开放三十多年来，大多数县域经济发展走的是粗放式增长道路，产业基础较薄弱，技术含量较低，其特征是高负债、高投资、高能耗、高污染，县域发展面临着巨大的转型压力。同时，日渐凸现的贫富差距、利益分化和阶层固化、市场竞争中的不公平因素已引发诸多社会冲突和利益对抗。社会经济发展要走上人与自然和谐相处、生态系统与社会系统协调发展的道路，实现的过程十分艰巨。上述问题使中国共产党的执政能力面临严峻的挑战。一般而言，一个国家的政府是执政党执政的重要载体和主要依托，党的执政能力的高低最终取决于政府的管理能力。从静态看，政府管理能力涉及

公共财政管理、国家储备状况、法律法规建设、社会秩序维护等诸多方面。从动态看，政府管理能力内化在整个政府管理的动态过程之中，体现在政府管理的各个环节。因此，在我国大部分县域社会经济正处于转型的加快期，提高政府管理创新能力至关重要。

我国县级行政单位是以县级行政区划为地理空间，以县级政权和县级财政为调控主体，以市场为导向，具有独特地域特征和经济、政治、文化功能的行政区域。县级行政单位在我国行政管理体系中具有重要地位，它既是政权建设的基础，又是宏观经济的重要组成部分，起着宏观管理和微观管理相结合的承上启下的作用。我国宪法规定，县级行政单位是中国地方二级行政区域，在现行的实际行政区划中属于地方三级行政区域，是地方政府功能齐全的最基层政权[1]。中央和省的重大决策部署，最终都要通过县一级落实到基层。科学发展观在县域层面落地生根，就会变成巨大的经济和社会效益。因此，全面贯彻落实科学发展观，实现国家社会经济转型，其重点、难点和关键点都在县域。只有县域社会经济充分实现转型和科学发展，才能真正让人民群众切切实实地分享到改革开放的成果，从根本上提高公民的国家认可度，加快推动现代化建设进程。

随着社会经济的快速发展，政治体制改革的顺利进行，县级行政单位在工作作风和职能转变方面也取得了较大突破。但是，基层地方政府中出现的机构臃肿、效率低下、资源浪费等问题仍困扰着新时期县级区域的发展，县域政府面临着严重的管理危机和公众信任危机。科学发展观要在县域层面实现从理论到实践的转变，需要通过转型器，使之转化成具体的操作体系和操作方法。而绩效管理作为科学发展的一种具体的评价、反馈和调控机制，正好可以充当这样一种转型器，在具体的行政区域层面进行相应的实践；相比其他行政层级，县域层面的绩效管理对于提升基层政府的领导力和公信力，促进基层政府反思其行政理念、改进其行政行为并最终推动本地区的科学发展有着更为实际的意义。总之，科学发展观的提出为建立科学的县级政府绩

[1] 阎刚平. 县域科学发展方法论［M］. 北京：中共中央党校出版社，2009：总论1-3.

效管理和干部考核体系指明了方向，奠定了方法论基础。建立深入了解民情、充分反映民意、广泛集中民智的地方政府绩效管理机制，提高政府管理创新能力已成为县域科学发展的实际要求，直接关系到当地社会经济的发展和人民生活水平的提高，对维护社会稳定起着举足轻重的作用。

总之，在县域社会经济发展转型的关键时期，推进政府管理创新是适应国家现代化总进程的必然要求，有利于提高党科学执政、民主执政、依法执政水平，提高国家机构履职能力，提高人民群众依法管理国家事务、经济社会文化事务、自身事务的能力，不断提高化解社会矛盾的能力。

二、加快政府管理创新的主要路径

当代中国政府管理创新包括许多内容，如制度创新、体制创新、机制创新、组织创新、管理创新、方法创新、手段创新、观念创新、理论创新等。这些创新之间相互联系，相互影响，具有一定层次性特征。我国各级地方政府在治理过程中出现的各种创新，推动了地方发展，但创新目标和理念等方面的规范化、制度化、现代化还须进一步厘清思路，深入探索推进政府管理创新的科学路径。

1. 推进绩效管理

管理创新是新时期我国政府管理变革及建设服务型政府的必然选择，亦是行政管理体制改革的重要组成部分，涉及到政府的观念意识、职能定位、机构设置、组织设计、管理方式与工作流程等内涵，但核心在于坚持以人为本和公平正义的价值原则，驱使政府转变单向的权力主导的行政模式，尊重公民对于公共产品的需求偏好和意见表达。换言之，在奉行职能主义，崇尚法治与科学精神的科层制度与组织的基础上，拓宽公民参与渠道，培育公民参与主体，推进国家治理体系和治理能力现代化，革除传统官僚体制的缺陷。“从60年代算起的20—50年里，人们将目睹并亲自参加官僚制的送葬队队伍。”[1]政府管理是人民当家作主的管理，科层制与此背道而驰。因此，在当前形势下，推行政府绩效管理是新时期我国政府管理创新的基本路径。原因在于：一是价值层面上，政府绩效管理体现民主文化的基本理念。民主为普世价值，“行政权力的受任者绝不是人民的主人，而只是人民的官吏；只要人民愿意就可以委任他们，也可以撤换他们”[2]。在中国特色社会主义民主理论体系中，没有民主就没有社会主义及其现代化，人民民主是社会主义的生命。新时期我国政府管理创新，不论采取何种路径，民主都是绕不开的方向。政府绩效管理的内在机理和运行逻辑与现代民主政治的发展一脉相承。一方面，它增强了政府实质合法性。政府只有在履行职责的过程中，始终维护社会公共利益，或者公众认为他们服从政府是出于自觉而非害怕受到惩罚，公众眼里的政府才是合法的；另一方面，它凸显了政府管理民主化。马克·彼特拉克认为，公民参与是民主的希望[3]。民主行政和公民参与紧密相连、不可分割，公民参与的程度是衡量政府管理民主化程度的重要标准，是否民主，不在于人民是否直接行使公共权力，而在于执政党和代表它的政府是否将公共权力置于人民的制约和监督之中。同时，政府绩效管理是实现社会主义“增量民主”的现实路径。在民主的路径上，增量民主是“在不损害人民群众原有政治利益的前提下，迅速、最大限度地增加新的政治利益”[4]。它是一个稳定的发展过程，也是长期改革积淀的结果。政府绩效管理的民主导向与社会主义条件下的民主方向具有一致性，即公民参与及监督政府的一致性，为社会主义的民主路径。二是技术层面上，政府绩效管理是实现政府理想职能的工具体系。源自西方的政府绩效管理，是在宪政民主的架构下，主要从技术层面解决政府效率、效益、效果和公平的问题，指向公共生产力。基于“顾客至上”的时代背景以及公共事务的复杂性，传统管理理念与

[1] Ay Mishafritz, Albert C, Hyde. Classics of Public Administration. Chicago: The Dorsey, pp325, 1987.
[2] 卢梭. 社会契约论[M]，北京：商务印书馆，2002：132.
[3] 马克·彼特拉克. 当代西方对民主的探索：希望、危险与前景[J]. 国外政治学，1989(1).
[4] 俞可平. 增量民主有三条现实路径[N]. 南方都市报，2007-02-21(A10).

手段难以为继。从历史来看，可以将20世纪八九十年代持续20年的西方国家政府绩效化运动视为发达资本主义自我调整的重要内容。这种调整虽以西方选举市场为基础，但却以政府的技术功能实现为目的。在我国社会制度与西方迥然不同的现实条件下，政府绩效管理的工具属性更易凝聚共识，成为可能操作的政策方案。可以肯定，基于民主导向和技术工具的双重属性，政府绩效管理必然成为民主道路上我国政府管理创新的基本路径。

2. 革新行政理念

理念是政府管理创新的基础和先导。政府管理创新应树立以下理念：第一，树立执政为民理念，建设服务型政府。受传统文化和计划经济体制的深刻影响，中国政府在改革开放前的相当长时期内带有浓厚“官本位”的观念，与现代行政理念相去甚远。随着市场经济体制的逐步确立，为适应新形势的发展和现代化的要求，一些地方政府开始不断进行管理创新，“官本位”的陈旧落后理念逐步被摒弃，“民本位”的观念逐渐深入人心。但真正使政府牢固地树立“民本位”的服务意识不可能一蹴而就，尚须进一步努力。在社会经济的转型期，“为民服务”应作为政府管理的主要职责和基本理念。社会主义国家的本质要求政府始终贯彻“为民服务”理念，顺应人民的内在需求，政府颁布和施行的所有法律、法规和制度必须体现“民本位”的理念。第二，树立法治理念，建设法治政府。中国封建社会政治传统重人治轻法治，由于种种原因，新中国成立后同样长期忽视法治建设，人治色彩浓厚，导致全社会法治观念淡薄，典型的官僚制范式未能得到充分发展。市场经济是法治经济，因此，建立法治政府、推进政府管理的法治化是市场经济健康发展的必然要求。第三，树立效率理念，建设高效政府。现代政府是节约型政府、效率政府，效率是行政管理的出发点和落脚点，是检验行政管理现代化、科学化水平的一个重要标准。在政府管理过程中，贯彻治理理念中强调的效率理念，可以提高行政效率，塑造高效政府。因此，各级政府应加快职能转变，提高行政效率，降低管理成本，节约公共财政支出，将更多支出投入到关系民众福祉的公共事业当中。

3. 改革行政体制

制度创新是政府管理创新的主要途径。地方政府管理的制度创新，就是政府通过制度的不断完善，实现政府重塑，建立起符合时代发展潮流，适应市场经济发展要求的公正廉洁、透明高效的政府行政体制。党的十八大以来，我国行政体制改革不断深化，一大批行政事业性收费减免，行政审批事项取消和下放，政企分开、政资分开、政事分开、政社分开深入推进，大部门制改革稳步开展，行政成本进一步降低，政府公信力和执行力不断提高，政府职能向着创造良好发展环境、提供优质公共服务、维护社会公平正义转变。十八届三中全会提出了要加快深化行政体制改革、创新行政管理方式，增强政府公信力和执行力、建设法治政府和服务型政府的要求，为地方政府改革行政体制指明了方向。行政体制改革的核心问题是政府的权力问题，政府一定要下放权力，市场能解决的问题，权力就下放到市场，社会能解决的问题就下放给社会，政府减少干预和介入，从而激活经济的内在动力和整个社会的活力，提升改革的实现成效。行政体制改革就是要处理好政府、市场和社会的关系，调整三者之间的边界。而行政审批制度改革是行政体制改革的重要组成部分。地方政府必须按照十八届三中全会精神，结合本地实际，坚持管理创新，推动行政体制改革，进一步激发经济和社会的活力，最终保证全面深化改革的任务落到实处。

4. 转变政府职能

建设服务型政府是地方政府创新的本质内容。市场经济环境中，政府是有限政府，必须转变政府职能。首先，重塑政府定位，从侧重管理转变到注重服务，从错位、越位和缺位转变到适位。随着经济全球化不断深入，我国已参与国际市场竞争，政府应创造公平、公正的市场规则和竞争环境，提供良好的市场基础设施和公共产品。在市场经济条件下，政府的基本职能是提供广泛的公共服务，包括如公共教育、医疗卫生、社会保障及其他公共基础设施等。其次，完善宏观调控体系及市场规制。宏观调控是政府在市场经济中的重要职能，政府应将主要精力投入到有效管理市场秩序、维护市场主体的合法权益等方面，从计划经济时代的行政直接调控转变为经济杠杆间接调控，正确运用各种经济调节手段。第三，将暗箱行政转变为阳光行政，让权力在阳光下运行。加强行政法制建设，完善法律法规，提高行政效率；放宽市场准入限制，塑造公平的市场经济环境；加速电子政务建设，应用现代化网络技术实现网上办公、即时服务；公开政务信息，接受公众的全方位监督。

5. 更新技术手段

电子政务是地方政府管理创新的重要手段。电子政务是运用计算机、网络和通信等现代信息技术手段，实现政府工作流程的优化和组织结构的重组，建成高效、廉洁的政府运作模式，全方位地向社会提供优质的管理与服务。电子政务超越时空和部门分隔的限制，通过对政府治理机制、职能配置和管理过程的重组，加强对政府的有效监督，提高行政效率。因此，电子政务是一项引领政府变革的工程，是行政理念、方式、体制的本质变革。电子政务重组政府的结构及业务流程，促使政府内部共建共享信息资源库，精简机构，解决职能交叉、审批过多等问题，实现政府面向公民社会的网上管理和网上服务，简化政府与公民的互动，降低政府行政成本。建设电子政务，应加大投入，合理利用资金，将电子政务建设和运营经费纳入地方政府财政预算管理，确保资金供应，同时注意统筹发展，充分利用现有的计算机网络设备，避免盲目建设和重复建设。

第二节

鹤山政府管理创新探索

创新政府绩效管理制度是党中央、国务院提出的一项重要任务，它对改进政务工作、提高行政效能、树立科学发展观、建设人民满意政府具有十分重要的意义。近年来，鹤山积极进行政府绩效管理创新，因地制宜，不断积累经验，健全决策机制，推进政府职能转变，推动管理型政府向服务型政府转变，以解决社会发展中存在的深层次矛盾和突出问题。

一、鹤山政府管理创新探索的背景

从20世纪90年代以来，为进一步推进政府职能转变，建设服务型政府，不断提高政府的行政效能和改善机关作风，我国从中央到地方政府都大力推行政府绩效考核评价，倡导推进政府职能转变，树立科学发展观。经过30年的改革开放，我国成功实现了由传统计划经济体制向社会主义市场经济体制的基本转变，但从新形势和新任务的要求来说，我国现行行政管理体制仍然存在一些不相适应的地方。例如，社会管理和公共服务意识薄弱、社会事业发展滞后、城乡区域发展不平衡性增强，单纯注重GDP增长，追求“形象工程”“政绩工程”，伴随出现了投资膨胀、重复建设、地区封锁和市场分割等问题。这些现象在一定程度上制约了我国经济社会的全面协调可持续发展。建立促进科学发展的政府绩效评价制度已经成为我国深化行政体制改革，转变政府职能，提高政府效能，改善机关作风，建设法治型、诚信型、责任型、服务型政府的重要举措，意义深远。

2003年，党中央在十六届三中全会上明确提出要树立科学发展观；2012年，十八大把科学发展观同马克思列宁主义、毛泽东思想、邓小平理论、

“三个代表”重要思想一道确立为党的行动指南，着眼于实现经济、社会、政治、文化、生态等各方面的全面、协调和可持续发展。因此，科学发展观是我国社会经济发展的重要指导方针，是发展中国特色社会主义必须坚持和贯彻的重大指导思想。“以人为本、改善民生”是社会经济转型发展的立足点和出发点，这与政府绩效管理的理念十分吻合。因此，科学发展观如何落实到社会经济的顺利转型中来，建立起科学、合理、具有现实性和可操作性的政府绩效管理体系是重要举措。尤其是党的十八大报告要求“创新行政管理方式，提高政府公信力和执行力，推进政府绩效管理”，对政府绩效管理工作做出了新的部署和要求。绩效管理是一种测量政府在实现既定目标中所取得的绩效的方法，它以政府行为的最终结果是否实现了预期的目标来评判政府工作的成效，根据政府期望达到的成就来重塑计划、预算、管理和报告等各个环节[1]。作为一种重塑政府发展模式的科学方法，绩效管理有利于加强服务型政府的构建及提升公共政策品质，在实现县域社会经济转型过程中必将发挥重要的推动作用。

实行绩效管理有利于提高政府管理水平，政府的绩效水平，是决定一个社会发展快慢的重要因素，对社会经济发展产生巨大影响。发端于20世纪初美国纽约市政研究院的政府绩效评价实践，距今已有百年历史。特别是20世纪70年代，西方“新公共管理运动”兴起，绩效评价以强调公共服务质量和顾客满意的理念，凸显出强烈的实践意义和重大理论价值，西方各国纷纷推广。现代意义的政府绩效管理进入中国是在改革开放时期。我国地方政府从20世纪80年代开始，逐步开展了多种形式的政府绩效评估，显现出目标管理责任制考核、社会评议、效能建设和党政领导干部考核和公务员考核等几类模式特点，逐渐走出了一条各具地方特色的政府管理创新的路子。在各地的政府管理创新实践探索中，一些政府和部门尝试把绩效管理和评估运用到政府管理中，对提升政府的服务理念、提高管理效率发挥了巨大的促进作用。

[1] 陈国权，王柳. 基于结果导向的地方政府绩效评估——美国凤凰城的经验及启示 [J]. 浙江学刊，2006 (2).

随着我国经济体制改革的不断深入，人民群众对政府管理能力和公共服务质量的要求越来越高，只有实施绩效管理，政府管理才能适应新的形势需要，满足人民群众的要求。

鹤山位于珠江三角洲西翼，是中国第一侨乡——江门市下辖的县级市，总面积1 083平方公里，常住人口50万，辖1个街道9个镇。近年来，在上级党委政府的正确领导下，全市广大干部群众深入贯彻落实科学发展观，发扬“开放、包容、创新”的鹤山人精神，群策群力，真抓实干，经济稳步发展，社会和谐稳定。鹤山成为国家火炬计划新材料产业基地、中国印刷产业基地、中国男鞋生产基地、中国水暖卫浴五金产业基地、中国制伞名镇（桃源）。同时，鹤山也是全国政府绩效管理创新示范点，承担了广东省县委权力公开透明运行试点、党务公开联系点、广东省党代会常任制试行单位和广东省政府绩效管理试点等多项任务，先后获得全国科技进步考核先进市、全国体育先进市、全国爱心献功臣先进市、全国绿化百佳市和广东省卫生城市、广东省教育强市、广东省县域垃圾无害化处理示范县、广东省“双拥”模范城等荣誉称号。

和珠三角其他新兴工业城市一样，鹤山市已全面实现了农业经济向工业经济转型。进入新世纪以来，鹤山市委、市政府提出了“科学规划、集约发展、科教创新、生态优先”四大方针，致力于建设“富强鹤山、文明鹤山、生态鹤山、和谐鹤山”。因此，在各地探索政府绩效管理的大背景下，鹤山市为适应新的形势，坚决深入贯彻落实党的十八大精神，促进政府绩效管理工作科学化、规范化、制度化发展，推进政府转变职能，提高行政效率，实现人民满意，实现了以科学的考核评价和绩效管理推动社会经济的科学发展，是江门、广东乃至全国基层政府绩效管理改革的先行者，逐步探索出一条独具特色的政府绩效管理的新路子。

对县级政府而言，其辖下既有作为一级独立政权体系的乡镇政府，又配置了一整套党政工作部门。两者的职能具有显著的差异，考核评价不能“一刀切”。因此，鹤山市分别设置了两套绩效考核方案。中编办《关于深化乡镇机构改革的指导意见》明确提出乡镇政府的职能是“促进经济发展、增加农民收入，强化公共服务、着力改善民生，加强社会管理、维护农村稳定，推进基层民主、促进农村和谐”。根据这一职能定位，鹤山市在拟定镇级实绩考核指标时遵循以下三个原则：一是相关性，指标必须与镇级政府的工作相关，不在其职能范围的不能列入考核范畴；二是可考性，指标具有可实现性，指标的表达与数据的采集必须清晰，计算方法科学；三是可控性，以结果为导向，能引导镇级政府对照不足，在今后工作中持续改进绩效。考评指标体系力求最大限度地实现与上级干部考核评价体系的衔接，又充分突出镇在发展经济、社会管理方面的职责要求。

县级党政工作部门承担着多样化的角色和行政职能，同时还承担县域范围内的协调和统筹工作。因此，绩效评价体系应当体现公共部门的特殊性。公共部门绩效评价的根本目的在于检验部门履职成效并帮助各部门明确使命、完成规划和任务，激励其改进作风和提高绩效。考核评价体系强化目标考核，鼓励创先争优，惩戒部门“不作为”“乱作为”及公务员违反公共服务行为规范者。建立绩效管理信息系统，加大电子监察力度，强化绩效管理过程监控，形成事前计划、事中管理和事后考核三位一体的绩效评价体系。

二、鹤山政府管理创新的实质——从绩效评价提升为绩效管理

政府绩效管理是实现政府理想职能的工具体系。源自西方的政府绩效管理，是在宪政民主的架构下，主要从技术层面解决政府效率、效益、效果和公平的问题，指向公共生产力。基于“顾客至上”的时代背景以及公共事务的复杂性，传统管理理念与手段难以为继。从历史来看，可以将20世纪八九十年代持续20年的西方国家政府绩效化运动视为发达资本主义自我调整的重要内容。这种调整虽以西方选举市场为基础，但却以政府的技术功能实现为目的。在我国社会制度与西方迥然不同的现实条件下，政府绩效管理的工具属性更易凝聚共识，成为可能操作的政策方案。可以肯定，基于民主导向和技术工具的双重属性，政府绩效管理必然成为民主道路上我国政府管理创新的基本路径。

基于较早开始政府绩效考核评价的实践，鹤山经过十年的有效探索实践，初步实现了政府管理创新从绩效考核到绩效管理的实质性提升。

1. **从绩效考核提升为绩效管理，包含了科学发展观的时代精髓。**围绕政府绩效考核，2003年来，鹤山不断探索实践，开拓创新，总结经验，政府机构设置得到进一步优化，机关作风明显好转，社会经济加速发展。但是，时代发展要求显示，绩效考核仅仅是一项专项活动，是管理的一个环节。只有把对政府的绩效考核融入到整个政府的管理活动中，成为政府发现问题、改善管理、提高绩效的有力武器，才能调动一切积极因素，打造人民群众满意的政府，构建和谐社会，全面完成党的十八大确定的目标和任务。

2. **从绩效考核提升为绩效管理，凝聚了各级领导解放思想的智慧和力量。**政府绩效管理是一项具有相当难度的系统工作，广东省纪委和江门市纪委给予鹤山绩效管理工作极大的鼓励和支持，十分关注鹤山绩效管理试点工作进展和效果，多次提出具体指导性意见。同时，鹤山市委书记亲自担任试点工作领导小组组长，市长、纪委书记、组织部长担任副组长，对绩效管理工作提出明确要求，强调“绩效管理是政府工作的指挥棒”，促使各镇（街）、市直部门高度重视，抓紧落实。为调动全市精干力量，及时成立体系完善组、创新管理组、制度建设组、宣传资料组和后勤保障组5个专责小组，各小组立足本职，建言献策，确保了绩效管理试点工作开局顺利。

3. **从绩效考核提升为绩效管理，增强了攻坚克难的信心和技能。**在绩效评价和管理过程中，鹤山善于学习借鉴广州市荔湾区、深圳市罗湖区、江苏省昆山市和张家港市等地区的先进经验，并实践探索了一些绩效管理的方法和技术。如在农村“三资”管理、政府采购、产权交易、财政性资金等方面，通过电子监察手段进行过程监控，并与中山大学软件设计学院合作，共同研发了信息资源共享平台和绩效信息管理系统。这些都是“鹤山特色”的创新之举，大大提高了绩效管理的效率和质量。

三、鹤山政府管理创新探索的特色

鹤山政府管理创新在遵循绩效管理的一般原理的基础上，借鉴各地先进经验，紧密结合本地实际情况，形成了较明显的地方特色。

1．导入全新的绩效理念，提高政府自身能力。从传统的目标考核、绩效考核到现代绩效管理，在我国各级政府中实行仍需要一个艰巨而漫长的过程。这种转变不仅仅是技术工具的更替，更主要的是政府治理理念的转变、领导者政绩观念的转变、机关行政文化的转变等等。尽管这些转变在我国已经开始，但非一朝一夕能够全面实现。和其他地方政府的做法类似，鹤山实践虽然也源于在我国地方政府管理中长期流行的目标考核责任制，但却突破了以往过分关注“打分排名、评比评优”的“考核导向”，逐步注入了新的绩效管理理念，即通过绩效评价，关注政府自身能力的不断提升，关注政府绩效的持续改进，关注地区社会经济的全面协调可持续发展，关注群众满意的最终服务效果。虽然受制于我国传统考核文化的影响，作为县一级政府很难在此方面做出根本性的改变，但从鹤山市多年的实践探索中可看到这种理念变化的端倪。

2．置于“绩效管理”的高度，以绩效考评推进政府职能转变。20世纪70年代以来，以政府职能定位为标杆，以公共选择理论、新制度经济学、公共行政学、管理学等作为理论支撑，政府绩效管理被视为重塑政府的另一版本，具有强烈的价值和技术取向。鹤山的绩效考评虽只涉及绩效评价环节，但实践中充分理解和把握了政府“绩效管理”的思想，力求基层政府管理方式创新，如：充分尊重地方多样性，区别对待不同区域发展；针对职能部门业务复杂的特性，分类有序推进公共部门绩效评价；将纵向的乡镇政府绩效评价与横向的政府职能工作部门绩效评价有机结合起来；以绩效评价带动全局工作，推动政府职能转变；等等。

3．突出考评的终极标准在于人民满意，探索引入外部评价。鹤山绩效考评着眼于社会和公众的参与，引入民意调查——群众满意度测评；贯彻市场反应、群众接受和上级认可三位一体的原则，高度重视人民群众的积极参与。这些做法体现了“执政为民”的理念以及政府绩效的“客户中心”意识。此外，鹤山还引入专家参与和组织第三方绩效评价，充分发挥专家智库作用；将本市自我评价与省、地市评价结果进行比照，以印证自我评价的准确性和真实度。

4. **在实践中不断完善评价的技术体系和培育绩效文化。**鹤山绩效考评科学、全面和动态地把握绩效考核指标，强调结果导向，坚持定量与定性相结合的原则，构建立体的绩效评价体系。先后出台了一系列规定绩效评价程序方法和原则的具体地方性规范和操作性细则，为考评的规范化和程序化奠定了良好的制度和技术基础；较好地理解并把握了责任理念和风险意识，创造性地引入领导干部风险基金管理，与任期经济责任审计和干部监督工作紧密结合起来。同时，充分考虑社会经济情势变化所带来的不定因素，动态把握考评原则和标准，坚持政策的延续性，并且从战略高度，前瞻性地培育富有鹤山特色的基层政府绩效文化。

第三节

鹤山体制内考核与管理阶段

绩效考核是政府行为的“指挥棒”，是地方发展的“指南针”。鹤山是广东省内较早进行政府绩效管理实践探索的县级市之一，从2003年至今，其探索过程经历了实绩考核、绩效评价、绩效管理三个发展阶段。具体来说，鹤山体制内考评主要分为镇级政府和市直部门两大块，因此，鹤山体制内考评与管理阶段应从这两大块领域进行分析。

一、鹤山镇级政府绩效考评的发展阶段

鹤山市在政府绩效方面进行积极探索，坚持“督查督办、结果导向”的理念，力求人民满意，建立了镇级政府绩效考核评价体系，是广东省江门市的先行点。实践证明，在镇级政府推行绩效考核，对经济发展和社会管理起到了十分积极的作用。总的来说，鹤山市对镇级政府进行绩效考核评价主要经历如下两个阶段：

1. 萌芽阶段。这一阶段开始于20世纪90年代末，侧重于对镇级经济工作进行量化考评。1998年，鹤山市提出“强镇富民、后发争先”的发展战略，掀起了一股工业园（区）建设热潮。为达到工业强镇的效果，并激励各镇大力发展镇级经济，这一阶段主要对镇级政府的经济工作进行考核，主要包括GDP、工业用电量、厂房报建面积、招商引资、财政收入等考核内容，每一指标均设置一定的分值权重。在考核计分方法上，采用年初下达目标任务，年终结算完成比例，然后折算为得分。该阶段的考核对镇级财政自给方面起到较大推动作用，但也存在一些缺陷，如：指标设置和计分方法都比较单一，过分强调经济发展方面的指标，缺乏或较少考虑社会管理、环境保护等

指标；由于指标以层层分解下达为主，带有较强的行政指令性，结果数据容易背离考核本意；某些指标如财税贡献存在跨年产生效益，若只考核当年发生数，则不能区分现绩和潜绩；等等。

2．**起步和发展阶段**。这一阶段开始于2003年，以结果和群众满意为考评导向，采用定性与定量相结合的考评方法，紧密围绕镇级政府的职能履行，注重绩效管理机制的创新，推动镇级社会经济的科学发展。2003年，鹤山市开展进一步完善镇级政府实绩考评工作的研究，于2004年正式建立新的镇级实绩考核试行办法，并在此基础上发展为镇级政府绩效考核评价体系。关于镇级政府绩效考评，当时国内学术界研究总结的政府绩效评价模式，都没有涉及镇级政府绩效方面。镇级政府处于地方政府体系的最低层级，执行上级行政命令和服务当地社会是其主要职能，在经济工作和社会管理上履行相对微观的职责，因此绩效考核评价体系应当体现镇级政府的特点。在充分参考、借鉴中山、东莞等兄弟县（市）对镇（街）政府绩效考评的办法后，鹤山于2004年出台了《镇级领导班子和领导干部实绩考核评价试行办法》，并在实践中不断探索和完善。2004年中共十六届四中全会以来，党和国家领导人对制定体现科学发展观和正确政绩观要求的干部实绩考核评价标准的重要论述，坚定了鹤山开展这一项工作的决心和信心。绩效考评是一个新鲜事物，考虑到人们对新事物的接受过程是一个渐进过程，鹤山市对政府绩效考核评价工作也采取渐进式的推进方法，因而在一些考核指标上不可避免地存在个别瑕疵，如简单将工作与数字相联系、职能部门对镇的评分指标过多等局限性。但是，瑕不掩瑜，这一阶段的镇级政府绩效考核体系仍然在以下四个方面有所创新：一是采用量化的考评方法，强化考评的科学性。新考评体系一改过去以定性方法为主评定政府工作效果的习惯，实现对政府绩效进行定量分析和测量的创新。二是引入群众满意度调查，强化考评的民意性。新考评体系在考核评价的结果中首次运用群众满意度，实现政府绩效的公民导向创新。三是确立结果导向的考评理念，强化考评的实绩性。新考评体系摒弃目标期望值的考核评价方式，实现管理方式的创新。四是强化结果运用，实现绩效考评与干部管理的结合。引入领导干部风险基金管理，与任期经济责任审计挂钩，实现对领导干部监督模式的创新；同时，考评结果将作为干部任用、奖惩、培训的重要依据，强化干部管理的实绩观与群众认可观。

针对镇级政府的职能履行，2007年至2008年，根据中央一号文件提出“要围绕改善农民的生产生活条件、社会事业等领域重点加强乡村基础设施建设”的要求，以结果为导向、群众满意度为标准，鹤山市用一年多时间反复进行论证，对原政府绩效考核评价体系进行了修订。新考评体系按照“以结果为导向、分片考核、突出重点、体现公民导向”的设计思路，沿着目标层→领域层→领域层内涵→具体指标的指标设计路径，采用德尔菲法，充分咨询了市领导、部门、镇、“两代表一委员”（党代表、人大代表、政协委员）和社会各界的意见，取得备选指标的相对重要程度，遴选6项经济指标和重大项目、重点工作、民生实事量化考核，使用360度的考评方式，实现考评主体的多元化，重点考核镇级经济发展、社会管理、环境保护、党的建设等方面，同时改进群众满意度的调查内容、方式和在结果中所占的比重；考核评价意见和结果，直接与所在镇领导班子和领导干部的年度考核评优挂钩，并作为领导班子调整和干部任用、奖惩、培训的重要依据。

二、鹤山市部门绩效考核评价的发展阶段

在推进我国社会主义民主政治建设和政府管理创新中，评价政府绩效是实现“增量民主”、增强政府效能的有效举措，意义深远。为此，鹤山市积极开展公共部门绩效考评工作的探索。在探索过程中，鹤山市委、市政府充分认识到建立廉洁高效、勤政务实、运转协调、行为规范的机关运作系统的重要性和紧迫性，以此加强公共部门的绩效考核，努力改善投资服务环境，切实解决发展中存在的突出问题，为推动鹤山社会经济发展创造良好的条件。从2002年开始，鹤山市对市直机关部门绩效考评进行探索。经过数年的实践，鹤山市在吸取国内外相关绩效考评先进经验的基础上，坚持“督查督办、过程控制”的理念，组织有关专家分析论证，提出了以公众满意为目的，以工作结果为导向，以单位职能定位为基础，结合机关日常的常规性工作，形成了由个性目标考核任务和共性目标任务8项指标构成的部门绩效考评

体系，旨在通过该体系全面系统地评价公共部门的绩效，以此促进机关部门按科学的评价标准行事，从而实现通过绩效评价建立服务型、法治型、节约型、廉洁高效型的行政管理模式，最终让人民满意。

从机关作风建设的考评到市直机关的部门绩效评价，不是一个名称上的简单更替，而是鹤山市委、市政府落实科学发展观，本着“立党为公，执政为民”“以人为本”的执政理念，真抓实干促进发展，情系百姓服务民生，狠抓各项工作的落实。以往的机关作风建设，更多的是以依法行政、服务态度、办事效率为着眼点，而对于部门绩效管理，以及如何最大限度地发挥好部门职能等方面甚少关注。而绩效评价的根本目的在于检验和帮助各部门明确使命，完成规划、目标和任务，激励各部门注重改进工作作风和工作绩效，这必将推动政府履行职能，不断创新管理和提高效率，服务和取信于人民群众。鹤山市部门绩效考评主要经过两个阶段：

1. 初步探索时期（2002—2006）

这一时期是以加强机关作风建设为主题的绩效考核评价阶段。2002年，鹤山市委、市政府为解决机关“四难”（门难进、脸难看、话难听、事难办）问题，转变机关作风，在全市推出了机关作风建设考核评议活动。考评把市直单位目标责任制考核和“万人评议党政机关”活动有机结合起来，一方面确保市委、市政府提出的各项目标任务的全面完成，另一方面，通过实施考核奖惩，促进机关作风的转变，激发广大干部的工作积极性。

2. 深化发展时期（2007—　）

这一时期是绩效考核评价模式正式确立、发展和深化阶段。鹤山市在加强党政机关作风建设方面取得较为明显的成效，主要表现在基本克服了“门难进、脸难看、话难听、事难办”等现象，但还存在一些突出问题，如：政府自身改革和职能转变滞后，社会管理和公共服务职能相对薄弱，有些政府工作人员依法行政观念不强等。为加强绩效管理，转变政府职能，整合各类考评资源，全面、准确地反映和评价市直机关工作实际，探索建立符合科学发展观要求的考核评价体系，2007年1月开始，鹤山市委、市政府在原有机关作风建设考评的基础上，引入绩效管理的理念，强力推行市直部门绩效考核评价。

第四节

鹤山政府绩效管理试点

2012年1月，鹤山市被广东省人民政府确定为广东省政府绩效管理试点单位。自试点工作开展以来，在省政府、省纪委监察厅和江门市纪委监察局的指导下，鹤山积极进行绩效管理创新，不断积累经验，以科学的绩效管理推动社会经济发展的顺利转型，取得了明显成效。

一、鹤山政府绩效管理试点的背景

近年来，中央政府高度重视政府绩效管理工作，特别是2011年以来，国务院建立了政府绩效管理工作部际联席会议制度，并在全国范围内开展政府绩效管理的试点工作、宣传和培训等工作。据中央纪委监察部绩效管理监察室统计，截至2012年年底，全国已有27个省（自治区、直辖市）不同程度地开展了政府绩效管理工作。伴随着党的十八大报告提出的“创新行政管理方式，提高政府公信力和执行力，推进政府绩效管理”的新要求，我国地方政府绩效管理进入了全面发展的新阶段，呈现出新的发展态势。事实上，2011年，国务院已批复由监察部牵头建立政府绩效管理工作部际联席会议制度，并选择北京等地进行工作试点，为全国全面推行政府绩效管理制度探索积累经验。如果说，始于2000年福建省推行机关效能建设为中国特色的“政府绩效管理与评价”的始端，那么，之后十余年，从目标考核到科学发展观考评，再到政府绩效管理试点，折射了我国政府管理创新的历程，已触及到行政体制改革的中枢。

在此大背景下，我国一些地区和部门先行先试，结合实际，积极创新政府管理理念和方法，探索开展政府绩效管理工作，为改善行政管理、提高政府能力、加强勤政廉政建设积累了有益经验。同时，学界和政府部门对政府绩效管理的应用性研究浩如烟海，以评价为例，文献集中描述的是为什么评价（目的）、评价什么（指标）、谁来评价（主体）和如何评价（方法）四大问题。关于政府绩效管理理论反思性的研究则相对缺少。通过理论反思进而推动实践发展的成果更是相对有限。2011年6月10日，监察部印发了《关于开展政府绩效管理试点工作的意见》，2012年初广东开始开展政府绩效管理的试点工作。

在原有考评上增加绩效评价的增量改革在国内是个普遍的做法，主要基于如下考虑：一是不想触动既有的利益格局，避免与其他具有考评权部门的矛盾。二是站在部门的角度，通过试点工作使得试点部门已经具备一项新的考评权，试点部门受益而其他部门不会受损。鹤山市推行的政府绩效评价体系与国内大部分试点城市的做法一样，在维持其他既有考评体系的基础上增加绩效评价。增量改革既可以避开因为取消其他考评体系而带来的利益之争，也可以使现任党委、政府的中心工作和重点工作得到落实。鹤山市的试点具有较好的基础。2003年开始，鹤山市委、市政府开始探寻建立科学的镇级政府和市直机关部门绩效考核评价的方法，促进镇级政府和市直机关部门进一步转变职能，提高政府的行政效率、效果和效益。2004年鹤山建立镇级实绩考核评价机制，2007年开始对市直部门实行绩效考核评价。

绩效考核提高了政府执行力，促进了地方经济发展。特别是2012年1月，鹤山市作为国内较早进行政府绩效管理实践探索的县级市之一，入选为广东省政府绩效管理试点工作单位。这是广东省委、省政府对鹤山政府管理创新先行先试工作的肯定，也是对市委、市政府“创造鹤山品质，促进幸福共享”的鼓励和支持。开展试点工作以来，鹤山市在省、江门市纪委的指导下，以科学发展观为统领，围绕绩效管理的工作全局性、体系完整性、指标科学性和手段创新性，大胆探索，全力推进，有效强化了过程控制和结果运用，逐步建立起一整套有地方特色的政府绩效管理“鹤山模式”，有力地推动了全市社会经济的又好又快发展。

二、鹤山政府绩效管理试点工作经验

创新政府绩效管理制度是党中央、国务院提出的一项重要任务，它对改进政务工作、提高行政效能、树立科学发展观、建设人民满意政府都具有十分重要的意义。鹤山开展政府绩效管理试点工作几年来，政府管理效能不断提升，社会经济快速平稳发展，为建设廉洁高效服务型政府建设谱写了新的篇章。总体来说，鹤山政府绩效管理试点工作的主要做法表现在以下方面：

1．着眼绩效管理的全局性，建立工作框架，保障开局顺利

绩效管理是一项系统工程，更是一项长期工程。鹤山市围绕“创造鹤山品质，促进幸福共享”的主题，高起点谋划试点工作，健全机构，充实力量，深入调研，完善制度，扎实有效地开展工作。

一是成立机构强组织。2012年3月，鹤山市成立了由主要领导组成的试点工作领导小组。同时配强管理团队，成立5个专责小组，分别由市纪委监察局、市委组织部、市直机关工委和市经信局的主要负责人任组长，从部分镇（街）及市直部门抽调16名业务精通、责任心强的干部，分派到各专责小组从事试点工作。

二是深入学习取经验。为找准试点工作的切入点和着力点，激发思考，鹤山市先后组织各专责小组前往国内绩效管理改革取得较大成绩的相关地区学习考察，并多次召开工作研讨会。2012年7月，市委、市政府紧密结合鹤山实际，研究制定了《鹤山市政府绩效管理试点工作实施方案》。

三是建立制度促规范。在借鉴成功经验和多方论证的基础上，在《鹤山市政府绩效管理试点工作实施方案》中，试点工作领导小组对深化指标体系建设、拓宽电子监察领域、狠抓市委市政府重点工作的落实等方面提出了明确要求。随后，鹤山市还制定了《鹤山市2012年市直部门绩效考核评价办法》《鹤山市2012年镇级实绩考核评价办法》《鹤山市村级“两委”班子实绩考核暂行办法》，清晰勾画出鹤山市政府绩效管理的新框架。

2．立足考评体系的完整性，丰富考核内容，拓展考核领域

考评的公平公正，关键要有一套科学完整的考核体系。过去鹤山市建立了市直机关和镇级政府两套绩效考核机制，取得了一定的成效。2012年鹤山市进一步拓展考核领域，把绩效考核的理念引入到最基层的村委会，形成了横向到边、纵向到底，囊括了党、政、农村基层全方位的绩效管理体系。村（居）委会农村基层干部的绩效化管理，在现有的体制下是一种现实的选择。

一是实施农村干部实绩量化考核。为提高村“两委”干部工作的责任感和积极性，2012年鹤山市出台制定了《关于深化农村基层管理机制改革的若干意见》《鹤山市试行村级“两委”班子实绩考核工作实施方案》和《鹤山市村级“两委”班子实绩考核暂行办法》，对全市116个村（居）的“两委”班子实行年度实绩量化考核，考核内容包括工作实绩考核项目（占80%）、民意调查项日（占20%）和加减分项目三部分。其中，工作实绩考核指标由组织建设、社会管理、三资管理、计划生育等四个方面构成，民意调查则包括村级“两委”班子遵纪守法、班子团结、廉洁奉公、依法办事、解决群众困难、社会治安、农村环境卫生、群众文体活动等八个项目，而加减分项目则是根据村干部个人取得的荣誉或者违纪进行相应的加分或减分。整个考核过程包括“自查自评、实绩考核、民意调查、加减分审定、综合评价、结果公示”6个环节。考核采用百分制，考核结果与村干部的工作报酬直接挂钩。

二是推行重点项目“三维一体”工作新模式。为促进重点工程项目落实，2013年，鹤山市从源头抓起，建立“市委督查+市府督办+电子监察”的“三维一体”工作新模式，对具备施工条件并纳入政府预算的重点工程项目实施电子监察，重点监测工程的立项、用地、招投标、施工、资金拨付、竣工验收等环节，运用电子化手段倒逼项目建设。对未完成立项前准备工作，但已纳入市委、市政府年度考核或上级、本市党委政府临时下达的重点工程项目，仍由市委、市政府进行督查督办。电子监察及督查督办结果将作为绩效考核依据。2012年，鹤山市已将15个财政性投资重点工程项目纳入电子监察，力促工程项目按时按质完成。

3. 强调考核指标的科学性，抓住关键环节，提升整体绩效

考核指标体系是政府绩效考核的核心，指标体系的科学性和合理性在很

大程度上影响着考核活动的水平和质量。按照科学发展观的要求，鹤山市紧扣“十二五”规划的发展方向，不断优化设置指标内容，调整指标权重，推动镇级政府和机关部门凝心聚力，提升整体绩效。

一是合理分类受评单位。任何有效的绩效考核，都必须坚持客观公正原则。在推行政府绩效考核的过程中，由于各个受评单位的职能不同，执行“一刀切”式的考核标准和考核办法，只会使得考核结果失真，更起不到以考核促绩效的作用。对此，鹤山市将受评单位进行了相对合理的分类。在镇级政府实绩考评方面，根据各镇（街）经济社会发展的情况，鹤山市把辖下10个镇（街）划分为“优化开发区”“重点开发区”与“生态发展区”三个区域类型，按照经济发展、社会治理、生态环境和党的建设等四个考核类别，实行分片定量考核。在市直部门绩效考核方面，鹤山市将51个接受评议的单位，依据行政职能及服务群众的情况，分为A、B、C共三类，实行分类考评。

二是重点突出考核内容。绩效考核只有围绕市委、市政府的中心工作，与机关日常业务紧密结合起来，才有生命力。鹤山市在设置考核内容上，重在全面贯彻市委、市政府的决策和工作部署，重在部门重要职能履行的评价，重在市委重大督办事项、市政府年度考核目标任务、人大代表的议案和建议、政协委员的提案等工作指标的完成情况等。为保持考核内容的连贯性和稳定性，每年鹤山市均对绩效考核指标进行适当调整。如在市直部门绩效考核工作方面，鹤山市采取“两条腿走路”的方法：一方面，把市委、市政府的重点工作和部门的主要职能工作纳入绩效考核，并参照江门对鹤山的考核细则进行考核；另一方面，着重在指标体系中增加电子监察扣分内容，并调整嘉奖加分项目和分值等。

三是凸显公众评价地位。公众满意是衡量政府工作的最终标准。鹤山市推行政府绩效管理工作，实现了党委、政府、人大、政协、专业评价组织、社会组织和公众等多元考评主体的有机结合。为提高政府工作的民意回应性，切实增强各级干部的责任意识、服务意识与惠民意识，鹤山市在推行政府绩效管理过程中特别重视社会公众的合理诉求，凸显其作为评价主体的重要地位。为此，在实施方案中加大了公众评价的权重。这意味着“民心所向”可以强烈地影响到干部的政绩，从而有效地约束和激励政府的行为。

4. 突出管理手段的创新性，运用信息技术，提高考核质量

为打造“鹤山特色”绩效管理新模式，鹤山市积极创新绩效管理手段，运用信息网络技术，强化绩效的过程监察，变“软管理”为“硬约束”，进一步减少人为因素的影响，提高考核结果的公信力。

一是升级改造视频监控系统。2008年起，鹤山市采取分类型、分阶段建设模式，先后在市国税局、住建局和外经贸局等21个部门的服务窗口安装了视频监控设备，有效规范了窗口工作人员的言行举止，提高了人员素质和服务水平。2012年，为加强农村“三资”管理，鹤山市对现有视频监控系统进行了升级改造，在全市10个镇（街）的农村集体资产交易中心增设视频监控点，对农村集体资产交易进行全程录像和实时监控，有效规范了农村集体资产交易秩序。

二是完善电子纪检监察系统。试点前，鹤山市按照广东省、江门市电子监察工作的总体部署，采取两种模式，建成和投入运行了8个电子纪检监察系统，并将监察结果与年终政府绩效考核挂钩。2012年来，鹤山市以绩效管理试点工作为契机，进一步拓宽了电子纪检监察领域，先后增建了政府采购、产权交易和财政性资金运行3个电子监察系统。其中政府采购电子纪检监察系统涵盖了询价、公开招投标、竞争性谈判、单一来源采购等领域，实时监察政府采购的业务运行情况。产权交易电子纪检监察系统主要是将交易流程、产权签证、资金结算交割、股权登记等业务过程纳入电子监察，对交易前、中、后及变更等环节进行实时监控、全程留痕，有效降低公共资源交易的寻租风险。财政性资金运行电子监察系统主要是监察专项资金预算及执行管理情况，财政性资金收取、减免及使用，“三公”经费，财政性资金审批过程等，监察过程和结果将向市四套领导班子公开，以全面提高财政资金使用效益，确保资金规范运行。

三是建设信息资源共享平台。为实现政府信息资源的互联互通，提高电子监察系统的使用效果，2013年鹤山市建设了信息资源共享平台。该平台是整合现有各类电子政务信息资源，构建统一的政务信息资源共享体系，实现数据资源全面整合和共享的电子政务基础平台。平台以开通数据采集接口的形式，从全市各部门采集相关业务数据，经数据过滤整合后，形成政务公共信息资源库，为并联审批、涉税信息应用等电子政务系统提供底层数据支持，亦可通过数据发布及查询功能获取相应信息资源。

四是建立绩效信息管理系统。为提升绩效管理电子化水平，鹤山市建立“鹤山市市直部门绩效考评信息管理系统”和“鹤山市镇级实绩考核信息管理系统”。其中市直部门绩效考评信息管理系统中设置了“指标管理”“数据报送”“数据审核”等模块，镇级实绩考核信息管理系统中设置了“镇级分类管理”“考核指标管理”和“分类指标权重维护”等模块，定期采集和运用过程考核与结果考核的数据，以此提高考核数据的实时性和真实性。同时，建立绩效考评结果子系统，推行考评结果电子化打分。根据电子监察系统提供的实时数据和各主评单位提供的周期数据，经市绩效考核办审核后上传系统，由系统根据指标的不同权重自行打分及排名，最大程度避免人为打分的影响，提高考评结果的客观性和权威性。

5. 注重考核结果的导向性，促进作风转变，推动科学发展

考核评价是一种手段，恰当运用结果改进绩效才是目的。通过结果运用，促进服务型政府、责任政府、法治政府、廉洁政府建设和干部作风转变。广东省人民政府对开展绩效管理试点工作提出的要求之一就是要高度重视政府绩效考评结果的综合运用，将考评结果作为改进工作、加强管理、领导干部考核及选拔任用、公务员评优评先的重要依据，切实加大奖优罚劣力度；将绩效考评与行政问责有机结合，对违背科学发展观要求搞“形象工程”和“政绩工程”，以及行政不作为、乱作为、慢作为等行为，要严格按照有关规定进行问责。在总结以往经验的基础上，鹤山在推进绩效管理工作试点的过程中，健全相关机制，完善绩效目标形成、过程管理、结果运用和问责机制，尤其是注重考核结果的导向性，采取政治激励、经济激励和风险激励三种方式，以直接的利益关联和政绩评定来把绩效评价的功能发挥落到实处。确保绩效管理的实效性，通过评价结果的持续运用，促使部门时刻关

注自身工作的改进和工作绩效的提升，真正发挥出评价的激励效应，促进作风转变推动科学发展。

三、鹤山政府绩效管理试点的成效

自中央“八项规定”出台以来，各地都在探索建立贯彻落实“转作风”的制度。鹤山开展绩效管理试点工作以来，力求从制度上改进工作作风、密切联系群众，仅在加强“三公”经费管理方面，2012年接待经费就下降了30%以上。改进作风不能靠运动式的做法，需要建立一个激励机制，让其常态化、制度化、规范化。为此，鹤山建立了镇级政府和市直机关两套绩效考核机制。在镇级实绩考核中引入“群众满意度测评”，民主测评和民意调查占总分值的30%，直接影响到干部的政绩；对市直机关的绩效则采取网上评议、服务窗口现场评议、基层干部群众评议、“两代表一委员”评议等9种评议方式，凸显公众评价的地位，引导政府部门增强服务意识。2012年，鹤山市还通过考核镇级政府对农村的管理是否到位，借鉴绩效管理的理念，在桃源镇率先试点的基础上，对全市116个村（居）的“两委”班子实行年度实绩量化考核，采用百分制，考核组织建设、社会管理、三资管理、计划生育四个类别的内容，并将考核结果与村干部的工作报酬直接挂钩，形成了由“基本补贴+绩效补贴+村集体经济创收奖励”构成的在职村（居）委会干部报酬新机制，大大调动了基层干部服务群众的积极性。

在全市推行绩效考核评价的同时，鹤山市建成运行了政府采购、产权交易、财政性资金运行和资源整合等15个电子监察系统，使绩效管理从过程监督到结果运用都实现了全过程的信息化管理，具有实时监控和预警纠错功能，监察结果与年终政府绩效考核挂钩，改变了以前只问结果、不问过程的考核模式，真正实现“过程控制”。

鹤山市“三公”经费的预算和执行情况也纳入了财政性资金运行电子监察系统的公开监管范畴，监察过程和结果公开，以全面提高财政资金使用效益，确保资金规范运行。接待费用之所以控制得好，一方面，是鹤山市委办、市府办出了文件，规范了公务接待的范畴、标准；另一方面，公开各单位“三公”经费，各个部门之间有了比照，公开规范。总之，鹤山市政府绩效管理用科学的评价标准，树立正确的目标理念和政绩导向，真正考准了实绩，考出了活力，激发了全市干部干事创业的热情，有力地推动了全市的社会经济发展。2014年，电子纪检综合监察平台全年共实时监察行政审批业务30 875件，提前办结30 796件，提前办结率98.95%。群众诉求表达、利益协调、权益保障渠道得到进一步畅通和规范，行政效能和服务水平显著提高。

鹤山政府绩效管理试点工作的开展为全省的试点工作做出了积极贡献，取得了初步成效，促使干部树立正确的政绩观。然而，深入推广政府绩效管理工作，还需要在以下方面进行努力完善：一是深化思想认识，增强对做好试点工作的重要性和紧迫性的认识；二是明确工作目标，统筹谋划，整体推进政府绩效管理工作；三是注重讲求实效，通过绩效提升政府行政效率和管理服务水平；四是积极开拓创新，推动绩效管理的体制机制、方式方法、监控手段等创新；五是坚持群众路线，以人民群众切实利益作为政府绩效管理的出发点和落脚点；六是健全相关机制，完善绩效目标形成、过程管理、结果运用和问责机制，为实现“三个定位、两个率先”总目标做出贡献。

第二章

鹤山政府绩效管理理念

战略规划，是政府绩效管理的起点。多年来，鹤山市非常重视政府的战略规划，实施战略管理。鹤山市绩效管理的目标理念在于提升政府公信力和执行力，致力于建设效能、法治透明的服务型政府。为此，鹤山市绩效管理定位为“绩效导向下的目标管理”，实现政府执行力与公信力的统一。在这些方面，鹤山市近年来进行了探索，积累了一定的经验。

第一节

鹤山政府绩效管理战略规划

战略规划，是指组织在对内外部环境进行科学分析与预测的基础上，谋划全面、宏观、长远的组织发展规划，提升组织核心能力，落实战略举措的各项活动的集合。随着外部环境的复杂性、不确定性与风险性的加剧，以及全球化的推动和新公共管理运动的兴起，并受企业战略管理卓越效果的辐射，公共部门战略管理应运而生，其产生有着深远的理论价值与现实意义。公共部门战略管理技术率先兴起于美国。公共部门战略管理由战略管理的主体、客体和环境三大系统组成。公共部门战略管理过程可以划分为战略规划、战略实施和战略评价三个阶段。西方国家公共部门推行的以核心战略、绩效战略、顾客战略、控制战略与文化战略为核心的战略管理，有效地提高政府公共管理能力，并对世界各国的公共管理产生深刻影响。

战略规划的重点是对组织的总体目标、自身优势和劣势、外部挑战和机遇进行评估，并在此基础上制定长期发展目标，有效配置各种资源，从而实现可持续发展。我国政府管理中的“五年规划”，就是战略管理理念的科学运用。在政府绩效管理中树立战略导向，要求各级政府自觉树立大局观念和整体意识，在设定绩效目标时兼顾短期利益与长期利益、局部利益与整体利益，坚决避免竭泽而渔、只顾眼前的短期行为，有效解决不同部门之间恶性竞争、盲目攀比、职能交叉、推诿扯皮的问题。而且，随着外部环境的复杂性、不确定性与风险性加剧，公共管理过程中的内外环境形成了巨大的张力，要求公共部门不能再“两耳不闻窗外事”，而要以积极主动的姿态去研究环境的变化，管理环境的变化，超前思考，深谋远虑地筹划未来发展方向与长远目标，以未雨绸缪。同时，随着全球化的加剧，要求政府从更宏观的视野、更长远的视角来制定国家的发展战略，提升国家的竞争力，以应对全球化变革的需要。因此，推行政府绩效管理必须制定科学的战略规划，要坚持以科学发展观为统领，树立正确的政绩导向，借鉴国际先进的理念和方法，结合我国的国情加强理论研究、政策指导和实践探索，立足当前，整体设计，分步实施，确保政府绩效管理的可持续进行。

中国各级政府目前正积极推进政府绩效管理工作，取得了一定成绩，也出现了不少亟待解决的现实问题，其深层原因是政府仅仅把绩效管理作为一种技术工具，没有把绩效评管理与政府的战略规划、绩效目标设计、预算拨款等制度环节联系起来，并进行配套改革。战略管理通常被管理者运用在各种宏观与微观、外部与内部的环境中，企业运用战略管理理念制定其长期的发展规划和日标，整合最优资源，以最佳状态迎接外部竞争与挑战，保持可持续发展。随着社会转型以及社会主义现代化建设向前推进，政府面临复杂、多元化的环境，政府日渐处于相似于企业的窘境之中，急需明晰目标、资源整合以及战略规划的切实应用。因此，战略管理框架可以为政府应对环境挑战、实施变革、实现政府目标、衡量责任以及取得最终绩效提供一条有效的整合途径。以战略管理为指导的政府绩效管理是实现政府流程再造、提高行政效能以及深化行政管理体制改革的重要举措和长效路径。“十二五”时期（2011—2015）是鹤山加快转变经济发展方式和推进岭南特色宜居城市建设的关键时期，也是全面建设更高水平小康社会、向基本实现社会主义现代化目标迈进的重要时期。科学编制和有效实施“十二五”规划，对于推动鹤山市科学发展，促进经济社会持续健康较快发展具有十分重要的意义。同时，政府绩效管理的迅速推进和有效运行需要一系列制度保障。在当前情况下，中国政府绩效管理体系的推进战略主要包括：加快立法建设、设置组织机构、推进预算和人事等相关制度改革等。因此，鹤山政府绩效管理战略规划必须紧紧围绕鹤山市国民经济和社会发展“十二五”规划目标，完善政府绩效管理，遵循精简、统一、效能的改革方向，以加快建设服务型、责任型、创新型政府为导向，加强政府在统筹协调、宏观调控、规划引导方面的职能，强化社会管理和公共服务职能，推进政府职能转变。

第二节

鹤山政府绩效管理目标理念

一、政府绩效管理创新的本质

政府绩效管理创新的本质是提升执政能力。政府要为可持续发展提供优良服务，就应通过政府绩效管理创新的路径提升执政能力。执政能力是指政府运用权力、履行职责、应对挑战、解决问题的能力。推进社会经济可持续发展就要强化政府在社会经济发展的协调性、经济发展与生态环境协调性方面的作用，弱化其主导资源配置的职能，充分发挥市场机制在资源配置中的决定性作用，将政府从管投资、管项目、管土地、管贷款等具体的“要素管制”中解放出来，转向以安全、环保、技术标准等管理为主的“社会性管制”上来。实现政府绩效管理创新一是政府要积极为社会、企业和产业自主创新创造良好的政策和法制环境，二是要逐步完善政府绩效管理的制度建设。总体上，政府绩效管理包括四个基本方面的绩效指标（4E）：（1）经济（Economy）。政府绩效管理的经济指标是指政府管理中按法定程序的投入状况，即追求目标是以最低的投入或成本，生产和提供既定数量与质量的公共产品和公共服务，这是衡量政府是否廉价的重要因素。（2）效率（Efficiency）。政府绩效管理的效率指标是指政府管理中投入与产出之间的比例关系，即追求以最小代价获得最大的收益的目标，这是衡量政府是否高效的重要因素。（3）效果（Effectiveness）。政府绩效管理的效果指标关注的是，政府管理实施后，公共服务质量是否有了改善，公共产品使用者是否满意，这是衡量政府是否具备责任感的重要因素。（4）公平（Equity）。政府绩效管理的公平指标侧重的是政府管理的工作过程而不是结果，评价的是工作程序的合法性和公正性，这是衡量政府是否为善治政府的重要因素。

在道格拉斯·C.诺斯（D.C.North，1973）与托马斯合著的《西方世界的兴起》中，通过对历史的回顾，认为对经济增长起决定作用的是制度性因素而非技术性因素，一个有效率的组织是西方社会兴起的原因所在。政府绩效管理更要进行“制度创新”，通过政府绩效管理创新的引导加快制度建设，形成完善的管理体制和合理、有效的激励机制，把技术要素参与分配作为政府绩效管理制度改革的重要内容，增强政府绩效管理创新的内在动力；加强资源共享服务的供给和政策服务的支撑，努力实现政府绩效管理创新在可持续发展中的引导作用。推进政府绩效管理创新要时刻遏制形式主义陋习和教条主义惰性发作，同时还必须警惕市场经济条件下的“科层制”的消极面，在实行人性化管理的同时随时注重发挥人们的积极性和创造性。改革开放以来，中国政府在产权制度、分配制度、运行制度、开放制度等方面都有突破和创新。这既是改革开放和社会经济转型的制度目标，也是中国特色社会主义政治制度的特征，反映了改革开放和社会转型的过程。如在所有制结构方面，从传统的单一公有制，转变为以公有制为主的多种所有制制度；在分配制度方面，实行以按劳分配为主体、多种分配方式并存的分配制度，经济公平与经济效率呈现交互同向并重关系；在政府与市场的关系方面，从计划经济为主体、市场调节为辅，转变为国家主导型的多结构市场制度，发挥市场的配置资源的基础性作用；在廉洁、廉价、民主和高效的基础上发挥政府调节的主导作用。在对外开放方面，从较封闭的对外经济关系，转变为自立主导型的全方位开放制度，处理好引进国外技术和资本同自力更生地发展自主知识产权与高效利用本国资本和资源的关系。所有这些改革与变化都是政府绩效管理创新的必然结果。由此可见，政府绩效管理创新的本质是提升执政能力。

二、鹤山政府绩效管理的目标理念

源自西方政治制度基本框架内的政府绩效管理有着深刻的社会背景及内置的价值导向，作为政府管理方式创新的一种手段，它贯穿了公共责任与顾客至上的管理理念，强化公共服务的结果导向，在追求经济、效率、效果的基础上，全面回应公民祈求，即凸现所谓“公平性”。因此，政府绩效管理一开始就存在清晰的目标理念，包括价值目标及技术目标。从组织管理的角度，政府绩效管理的价值目标即是民主目标，可视为政府的公信力，技术目标追求政府管制的效率效果，体现政府的执行力。

尽管截至2006年，“政府执行力”和“公信力”的概念才首次被写进当年的《政府工作报告》，被官方正式纳入国家管理范畴，但事实上，有组织一定有目标，有目标客观上要求有执行力。传统的集权体制本质即是强化自上而下的执行力的体制。政府执行力源自行政法学领域，是指对具体行政行为予以强制执行的能力或法律效力，可视为政府“实施社会经济发展目标的能力”，或是政府“在推动或监督保证既定的公共政策得以落实的过程中，所体现出来的实际能力与手段”[1]。政府执行力依附于制度、体制，由政府政策、政治体制及制度所决定。从理论逻辑及现实背景看，鹤山政府绩效管理的目标导向定位于超越政府执行力，着重提升政府公信力。这一导向是保障鹤山政府绩效管理试点工作不走样的前提。

首先，政府公信力指向政府与公民的关系，与政府绩效管理的价值导向一脉相承。所谓公信力（Accountability），简言之，使公众信任的力量。“政府的公信力体现了政府的信用能力，是公民对政府行为持信任态度，是社会组织、民众对政府信誉的一种主观评价或价值判断。”[2]政府作为提供公共服务的垄断组织，其公信力由公众对其履行职责的程度做出评价，显然，政府公信力涉及公众与政府的本质关系，是政府公共治理的合法性的源泉，也即社会性秩序和权威被自觉认可和服从的性质和状态。按照卢梭的契约理论，国家权力来源于人民与政府之间的协议或契约，政府公信力集中体现了政治合法性的实质内容。同时，政府公信力是社会信用系统的核心和指针，政府信用是其他信用得以存在和发展的基础和前提条件，一旦政府信用流

[1] 周永亮. 本土化执行力模式［M］. 北京：中国发展出版社，2004.
[2] 叶育登. 信息的透明度　政府的公信力　社会的凝聚力［J］. 中国行政管理，2004（4）.

失，社会信用赖以存在的平台必然走样，即使修复，其社会成本也往往比其他信用要大得多。本质上，政府绩效管理是民主文化的技术工具和手段，但它内置了管理的目标应由公民来认同这一“普世价值”，即所谓公众满意是检验政府行为及政策目标的终极标准。

其次，政府公信力必然以政府执行力为前提，体现政府绩效管理的技术功能。“工业化和科技的发展在促进社会进步的同时，也引发了人口膨胀、社会治安、环境恶化等诸多社会问题，政府所面临的公共问题的复杂性、动荡性和多元性环境，导致了政府不可治理性的增加，客观上引发了政府的信任危机”[1]。

尽管公信力是公众对政府的主观评价，强弱程度取决于政府所拥有的信用资源的丰富程度，以及政府及公务员在公民心目中的具体形象。或者说，政府公信力是公众对政府行政能力的满意度。但按照满意度理论，公众对政府行为的主观感知以政府行为的客观效果为前提，没有什么比公众自身更了解需要什么样的政府以及政府的服务，但任何主观评价总是基于公众已知的客观事实，这一“事实”，不论是政府的诚信程度、服务水平，还是依法行政能力、民主化进展，都可视为政府执行力的体现。换言之，政府公信力总以政府执行力为基础。理论上，没有政府执行力就没有政府公信力，执行力与公信力并非平行的概念。政府绩效管理所追求的公信力内置了执行力。作为组织管理，政府管理奉行职能主义，始终将执行力视为内生目标，政府绩效管理是政府管理的创新，它所推崇的“4E”模式中，效率与效果本身就是技术目标，亦是政府执行力的重要衡量指标。

最后，政府绩效管理指向政府“应该干什么”，一定程度上可对政府执行力进行纠错。政府执行力属于技术范畴，它是政府决策及实现目标的执行能力，隐含了决策及目标的正确性，但事实上，决策失误或政府公共政策“坏倾向”具有自发性，对决策纠错是民主的理由与功能。我国政府管理及

[1] 乔治·弗雷德里克森. 公共行政的精神 [M]. 张成福等，译. 北京：中国人民大学出版社，2003.

社会存在的问题，大都与目标本身或目标导向有关，因为体制内管理及评价必然指向政府“正在做什么”，并非“应该做什么”，充其量是政府执行力，并非“服务公民的能力”。比方说，普遍存在的重复建设为政府执行力异化的典型表象，这种执行力等同破坏力，并与公信力成反比。体制内管理及评价更多强调政府的行为过程，或者说，更多注重于政府的现状职能的实现程度，主要又是对上级政府目标的完成状况。在我国现有体制下，上下级政府职能之间具有传承性；体制内管理及评价内设上级政府的正确性，难以形成政府“应该做什么”的纠错机制。由此导致“长期以来，自上而下的政绩考评标准，是以GDP增长为核心的评价考核体系。这样的政绩考评有着显而易见的缺陷，甚至在很多情况下，不少地方政府政绩‘显赫’，但当地百姓却苦不堪言”的现实窘况[1]。政府绩效管理与评价凸现公众满意的结果导向，可有效纠正过头或反向的“政府执行力”，从而为政府的理想职能、竞争方向、变革预期等抽象议题增添新标准，强化政府的公信力。

总之，鹤山政府绩效管理的目标理念在于提升政府公信力和执行力，引导公民有效监督和评价政府，敦促政府注重效能，强化政府自身建设，规范政府行为，保证行政权力运行的制度化、规范化、透明化，从而有效完成各项任务。

[1] 贺方. 回归公众本位才能考出真正的政府绩效 [N]. 羊城晚报，2009-10-13 (A2).

第三节

鹤山政府绩效管理总体定位

一般认为，政府绩效管理是指改进政府管理组织和管理项目的生产力。20世纪70年代以来，基于政府的职能定位，以公共选择理论、新制度经济学等为理论支撑，政府绩效管理被视为重塑政府的另一版本，并呈现公共生产力变革、创新管理机制与手段、强调行政投入产出的测量与监控等特征。政府绩效评价是政府绩效管理的中心环节，被视为现代政府管理的前沿课题，具有计划辅助、预测判断、监控支持、激励约束、资源优化和体制创新等多项功能。作为一种运行机制和技术工具，应该说，政府绩效管理一开始就存在清晰的功能与定位。但我国社会条件与现实状况与西方迥然有别，基于党政以及党政领导与党政组织的特殊关系，即或是对“政府”的界定，我国与西方亦差异明显，加之整体上处于社会经济的剧烈转型期，政党、政府、公民与社会的新型关系尚在培育之中，此种背景下，界定我国政府绩效管理及评价的功能与定位决定了学术研究的走向与地方（部门）试点工作的边界。鹤山作为广东省唯一的县级政府绩效管理工作试点单位，在绩效管理实践的探索中必须高度重视，明确政府绩效管理的总体定位，力求创出鹤山特色的成功经验，并让试点成果真正惠及广大民众，让提升政府绩效成为社会经济发展的助推器。因此，鹤山政府绩效管理的总体定位必须借鉴国内外现有的研究成果并结合鹤山本地实际确定。

如果以提升政府效率为目的，我国政府效能建设可以追溯到新中国成立初。虽然效率是绩效的组成元素，但学界普遍认为，我国政府绩效管理发端于21世纪初，到2011年，全国约有三分之一的政府及部门不同程度地探索开展此项工作。我们搜集到的冠以所谓“绩效模式”的地方政府就有上百个，如与目标责任制相结合的“青岛模式”，将公众和服务对象的评议纳入绩效内容的“杭州模式”，最早提出与开展“政府绩效管理年”（2007）且实现智能化的“深圳模式”。但审视各地官方的管理办法或条例，均未对政府绩效管理定位有着明晰的界定，这样的结果，模糊了绩效管理与已有的管理、绩效评价与已有的考评的界限。因此，从现实出发，鹤山市绩效管理的定位是“绩效导向下的目标管理”。

一是目标管理。1954年，彼得·德鲁克（Peter Drucker）提出的“目标管理”理论被誉为“管理中的管理”，以目标为导向，以人为中心，以成果为标准，从企业管理迅速延伸到其他组织和个人管理中。作为方法论，目标管理目前已经成为中国各级政府管理最常见有效的管理模式。尽管政府目标具有多元性，但实现各项目标是执行力的体现，是集权体制的优越性所在。政府绩效管理立足于目标管理首先吻合体制内自上而下的管理属性，层级体制下，完成上级政府制定的目标是本级政府的使命所然，政府绩效管理倘若无助于目标实现，必然与政府内部管理的刚性需求相脱节，从而丧失存在的前提，尤其是各级政府中心及重大工作的完成，关系到主要官员的政治生命，目标管理因权、责、利清晰对称而成为最有效的管理方法。同时，目标管理也是绩效管理的内在要求，经济、效率与效果均针对目标而言。

二是绩效导向。严格意义上说，冠以绩效管理的我国当前各级政府的内部管理本质上即是目标管理，如果以目标管理作为我国政府绩效管理的定位，不仅逻辑上“多此一举”，而且会打乱组织内部原有的平衡，增加管理成本，丧失其应有的意义。绩效导向为目标管理设置了方向和条件，首先是“结果导向”，指向组织内部关系。结果与过程具有相对性，目标管理某种程度上亦体现结果导向，但这种结果往往是短期或主要领导人的“任期结果”，与组织长期目标未必一致，甚至背道而驰，绩效管理追求政府目标长期最大化。其次是“公众满意导向”，指向组织内部与外部的关系。政府目标多元性、运作非交易性、行为效果滞后性等特征决定了衡量其结果的复杂性，既然政府由纳税人所供养，公众满意度就成为检验结果的最终标准。事实上，源自企业的目标管理界定了目标关联者（企业与消费者）的关系，但落脚点是消费者选择，政府目标管理亦如此（政府与公众的关系），不过是公众或公共选择。

由此，从现实出发，鹤山市绩效管理定位于“绩效导向下的目标管理”，不仅强化了组织内部的目标实现及责任，即提高政府执行力，体现政府内部自上而下的管理属性及政治制度的内在要求，更重要是从组织外部的视角，检验内部目标的科学性与民主性，实现政府执行力与公信力的统一，也即理性工具与价值导向的平衡。

第四节

鹤山政府绩效管理经验借鉴

政府绩效管理对于提高行政效率、效能与改善机关作风，提高群众满意度，提升公共服务质量和水平，转变经济发展模式，夯实执政基础，均有着重要作用。2003年来，鹤山市委、市政府结合地方实际，一直探寻建立科学的镇级政府和市直机关部门绩效考核评价的方法，致力于建设富有地方特色的镇级政府和机关部门绩效考评体系，着手推动绩效管理实践，促进镇级政府和市直机关部门进一步转变职能，提高政府的行政效率、效果和效益，建设高绩效型、节约型、公共服务型的政府组织，全面落实科学发展观，取得了良好成效，积累了一定的经验。

一、横纵结合，构建全面立体的绩效评价体系

政府绩效评价的类型主要包括政府整体绩效评价、公共部门及跨部门绩效评价、公共项目绩效评价和公共政策绩效评价等方面。具体到县级政府而言，其辖下既有作为一级独立政权体系的乡镇政府，又配置了一整套党政机关工作部门。镇级政府处于地方政府体系的最低层级，执行上级行政命令和服务当地社会是主要职能，在经济工作和社会管理上履行相对微观的职责，因此，绩效考核评价体系应当体现镇级政府的特点。县级党政机关工作部门承担着多样化的角色和行政职能，其业务类型千差万别，此外还要承担县域范围内的协调和统筹工作，因此，绩效考核评价体系也应当体现党政机关工作部门的特殊性。正是县级政府的独特政情，决定了县级政府的绩效评价被赋予了极为丰富的内涵，具有体制、职能及其评价方法的多样性与具体适用

性，同时兼具评价标准的协调性和评价原则的统一性。鹤山市在推进绩效评价的实践中充分考虑到这一实际情况，把辖下纵向的镇级政府绩效评价与横向的公共部门绩效考核评价有机结合起来，构建了全面立体的绩效评价体系。2004年鹤山正式建立镇级实绩考核评价机制，出台了《镇级领导班子和领导干部实绩考核评价试行办法》，在此基础上发展为乡镇绩效考核评价体系。为进一步提高行政效能，改善机关作风，从2007年开始，鹤山市在原有机关作风建设考评的基础上，引入绩效管理的理念，对市直机关实行绩效考核评价。考评主体是政府绩效考评体系中的重要元素。多元化的评价主体和多角度的评价信息是政府绩效考评的科学性和公正性的重要基础。对于政府绩效考评来说，多元化评价主体的选择和多角度评价信息的收集是个关键问题，也成为了各地政府绩效考评实践探索的重要方面。对此，鹤山的政府绩效考评体系进行了有益的探索。为保证绩效考评结果的公正性和绩效信息的丰富性，鹤山市采用了360度管理模型的理念，根据不同的考评方式与考评对象、考评目的和考评内容相匹配的原则，选取基层和群众、领导、综合检查小组等个人和组织作为考评主体，实现了政府、党组织、人大、政协、专业评价组织、社会组织和公众等多元考评主体的结合，对镇级政府和机关部门进行立体的考评，保证每个受评单位都能被多元的主体充分地评价到，从而在有限的时间和成本范围内确保绩效考评的公正性和科学性。这些举措促进了镇级政府和党政机关工作部门进一步转变职能，提高了政府的行政效率和效益，加快推进建设高绩效型、节约型、公共服务型政府组织的进程。这种横纵结合、全方位、立体化的绩效考评体系，对鹤山县域经济发展和社会管理起到了十分积极的作用。更为重要的是，由于构建了多元化的考评主体体系，形成了立体的考评网络，通过动员多主体参与政府绩效考评，传播了政府绩效的理念，传递了政府绩效信息，密切了党、政、群的关系，使政府绩效考评体系深入“官心”和“民心”，从而培育了政府绩效文化，实现了“被动应考”到“主动迎考”的飞跃。

二、强调结果导向，合理运用考核结果

合理有效地运用绩效评价结果，可以促进服务政府、责任政府、法治政府、廉洁政府建设。绩效评价体系是政府行为的一根指挥棒，具有导向功能。任何一种绩效指标的设定，考核评价的实施都决定着政府行为的具体趋向[1]。县级政府绩效管理同样具有重要的导向功能。长期以来，我国各地地方政府干部考核和责任制管理实践当中一直以目标实现为取向，主要是由各上级主管部门通过设定特定的总体性或阶段性目标并考核其实现情况来评判下级政府的效率和干部作为，带有浓厚的计划和指令特征，特别是GDP增长率的目标更是在其中具有决定性意义。随着绩效管理理念的引入，这种传统的目标实现取向得以在一定程度上得到矫正，面向市场、面向社会，科学、合理、整体的评价结果导向成为绩效考评的新的发展方向。以结果为导向的鹤山镇级政府整体绩效考核评价办法是一种典型的事后考核评价的方式。通过考核评价镇级政府工作的最终成效和结果，有助于从根本上检验乡镇政府在履行职责方面的有效性，从而引导政府科学制定工作规划，改进工作流程，提高工作的效益、效率和效果，最终实现政府的管理目标。以结果为导向的市直部门绩效考核也十分关注各部门职能的最大限度的履行和发挥。鹤山市的机关绩效考评是从机关作风建设考评的基础上发展起来的，但这不是一种简单的名称上的改变，而是一种从过程控制到结果导向的转变，更看重各部门如何切实提高社会管理和公共服务的能力和水平，比实绩，比贡献，从而达到激励各部门“争先创优”，实现将评估结果与加强和改进政府工作的结合。两个考核办法都体现了结果导向，尽量减少或弃用过程控制的指标。与建设服务型政府的大背景相适应，考核工作尽量不考核管理过程，而是用实际的结果和为实现目标而付出的成本来评价政府绩效，促使政府职能的转变和有效行使，规范行政行为，从而形成党委领导、政府负责、社会协同、群众参与的社会管理格局。

[1] 陈爱金. 从乡镇政府绩效考评看其职能发挥 [J]. 云南行政学院学报，2005（5）.

三、定量与定性相结合，动态把握绩效考核指标体系

政府绩效目标具有多元特征，政府绩效的一部分可以通过统计指标的定量分析直观获得，另一部分来自于公众的主观判断，难以量化，如“幸福感”“安全感”“满意度”等。目前，在许多“硬”“软”指标结合的政府绩效评价实践中，大多将两者简单地并列赋权，忽略了“硬指标”和“软指标”之间的内在作用机理；或仅仅将“软指标”作为“硬指标”的一个分项指标做处理[1]。另外，地方政府诸多绩效目标之间存在着内在作用机制（譬如经济增长与环境保护之间就存在着制约关系）。在这种情况下，均衡考虑绩效目标的量化成分和非量化成分、硬性和软性因素，以保证指标选取的科学性和社会接受程度便是当前绩效管理改革的必由之路。鹤山的政府绩效评价实践在考核评价指标设定上坚持定量与定性相结合的原则，对能够量化的指标尽可能地量化，对不能量化的列入定性指标，归入民主测评或群众满意度调查指标内进行定性评价；后者作为量化指标的重要补充，同时可从民意角度印证量化指标所反映的绩效。这一创举就改变了过去定性评定政府工作效果的习惯，实现对政府绩效进行定性与定量结合分析和测量的创新。在镇级实绩考核中，鹤山注重落实群众的参与权、知情权、监督权，引入民意调查——群众满意度测评，把镇政府工作置于广大人民群众评价之下。通过设计若干与镇级政府绩效相关的指标，如环境保护、执法公正、服务态度、服务效率、廉洁从政等，收集反映群众主观感受的信息，从技术层面弥补考核数据信息的缺失、失真或走样的缺陷。在机关部门绩效考评中，鹤山进一步加大公众参与政府绩效考评的力度，开展服务对象满意度评价、群众评价、社区评价和网民评价，实现了机关部门工作与公民评价的无缝对接。在实践当中，鹤山还通过广泛的社会宣传和征求意见，充分了解公众想法和意愿，邀请第三方机构参与绩效考核指标体系建设，如征求专家意见依指标的重要

[1] 陈强. 改革开放30年来我国地方政府绩效评估的回顾与思考[J]. 经济社会体制比较，2008（6）.

程度进行论证、遴选和动态调整，同时充分考虑社会经济情势变化所带来的变动性，在动态把握绩效评价原则标准的同时把握政策方针的延续性。

四、坚持全面协调可持续发展，以绩效管理带动全局工作

县域科学发展，要实现发展的良性循环，使发展具备可持续性和协调性。县级政府工作千头万绪，经济发展、政局稳定、社会和谐、民生保障、环境保护等等都是县级政府绩效考核的关注领域。在这种情况下，地方政府绩效评价既要包含反映当地经济发展的指标，充分体现以经济建设为中心；又需要包含体现关注民生和可持续性发展的指标，重点突出“公共财政”理念，注意经济发展与环境保护并重，让人民群众共享改革发展的成果[1]。因此，统筹兼顾，突出重点，以绩效管理带动全局工作，构成了地方政府绩效管理的一个重要使命。此外，政府绩效考核评价是干部人事制度改革的重要组成部分。因此，通过建立政府绩效考核评价机制，把政府绩效考核评价与干部工作结合起来，为科学地选拔干部、奖励干部和使用干部奠定坚实的基础，这是地方政府绩效管理的另一使命。

在近几年的实践中，由于政府职能的转变，鹤山推行地方政府绩效管理的价值取向也因应发生重大变化：从单纯注重经济增长转向经济社会全面、协调、可持续发展，从政府本位转向民众本位，从无限政府转向有限政府，从效率标准转向效益标准，从要素评价转向系统评价等。乡镇政府是最基层的地方政府，对乡镇政府的工作绩效评价自然也沿着这一评价价值取向的变化方向进行[2]。沿袭上述思路，鹤山市委、市政府将政府“经济调节、市场监管、社会管理、公共服务”的职能细分和科学定位，杜绝部门职能“错位”“缺位”“越位”的现象，着眼于实现经济、社会、生态效益的协调发展，按照领域层划分，包括经济发展、社会发展、人民生活、环境保护四个领域

[1] 岳文秀，郝景楼. 地方政府绩效评估实践的有益探索［J］. 辽宁行政学院学报，2009（2）.
[2] 陈爱金. 从乡镇政府绩效考评看其职能发挥［J］. 云南行政学院学报，2005（5）.

层，并以此作为干部人事制度改革的突破口，把行政管理工作推上新台阶。在公共部门绩效考评的实践中，鹤山注重引导部门明晰基于科学发展的战略目标，明确各部门落实科学发展的关键职责，将市委、市政府战略目标细化为部门工作目标，实现了关键职能履行、市委市政府重要工作和部门工作协同、内部管理与群众满意考评的统一，从而以科学发展、以市委市政府的重大决策和群众满意统领部门工作。在推进绩效评价指标体系调整和方法改进中，既立足近景发展，又谋划长远大局，注重规模与效益的平衡，统筹考虑，协调推进，从而为这一县域政府绩效管理的改革实践创设了成熟的政策环境。

五、强化以人为本，凝聚社会和民意基础

政府绩效管理工作的推行需要一整套健全的机制和制度基础，只有这样才能确保绩效管理工作的权威性、确定性、严肃性和科学性。与此同时，刚性的制度也必须注重“以人为本”。“以人为本”是社会主义的本质内涵和核心价值，运用人本思维就是强调发展为了人民，发展依靠人民，发展的成果由全体人民共享。为此，政府绩效必须回应人民群众“最关心、最直接、最现实的利益”需求。只有建立在高度回应民意和社会接受基础上的绩效管理机制建设，才能使绩效管理真正发挥切实作用。为做好全市的政府绩效管理工作，鹤山市成立了最权威的领导小组，由市委、市政府的主要领导担任组长，全面负责对实绩考核的组织、协调及考核方案的修改完善等工作。由市纪委监察局牵头抓总，参与单位有组织、财政、审计、统计等部门。与此同时，鹤山先后出台了一系列规定绩效评价程序方法和原则的具体地方性规范和操作性细则，为绩效管理的规范化和程序化奠定了良好的制度基础。

很多情况下，干部习惯于对上负责，而缺乏对下负责的意识，“相应地缺乏监督政府的动机与能力，而在这种宽松的环境下，政府官员也缺乏自律

的冲动”[1]。鹤山市的政府绩效管理实践勇于打破惯性，着眼于社会和公众的参与，建立和完善了地方政府信息交流与沟通机制，将社会、企业、公众从各级政府部门的行政服务中的受益程度作为衡量满意程度的核心指标，在镇级实绩考核中引入民意调查——群众满意度测评，把镇政府工作置于广大人民群众监督之下，设计了环境保护、执法公正、服务态度、服务效率、廉洁从政等若干与镇级政府绩效相关的指标进行问卷调查。市直机关则根据其职能精心设计了各部门的绩效调查问卷，使评价内容科学具体，评价者易于掌握评价标准，确保了评价的精确度，减少了模糊度。在数据采集上，鹤山市颇费心思，除内部进行民主测评外，还将话语权更多地交给公众，评价市直机关的绩效采取了网上评议、服务窗口现场评议、基层干部群众评议、“两代表一委员”评议、各镇（街）及市直部门主要领导互相评议、市四套班子领导成员评议、上级对口部门评议等多种评议方式，全方位多角度地进行考评。其中，在指标权重导向上，突出体现群众的满意度，群众评议的分值权重达30%。

上述做法，极好地体现了政府执政为民的理念，引导和强化政府增强服务意识和构建“服务型政府”的思维模式。同时，从技术层面弥补考核数据信息的缺失、失真或走样的缺陷。这不仅有利于进一步畅通民意表达的渠道，疏导民意，有利于把组织评价和公民评价结合起来，把群众意愿更好地体现在干部评价之中，也有利于提升绩效评价的科学品质和社会认可程度。此外，在各项绩效评价权重设置中，鹤山采用专家咨询法（德尔菲法）对各指标的权重和指标内容进行了分析认定。具体方法是：考核领导小组设计调查问卷，考核领导小组办公室听取有关方面的专家学者、有丰富实践经验的部门领导干部、广大人民群众的意见，然后回收问卷，对意见进行收集整理、归类统计，并经过多年的实践验证，最后确定出本套指标体系中各指标的权重。这一权重设置的过程也很好地体现了社情民意的高度凝聚。

[1] 孟华. 政府绩效评估——美国的经验与中国的实践［M］. 上海：上海人民出版社，2006：144.

六、尊重差异性，以绩效管理促整体发展

县域是一个行政区划范围，区域则是由于自然、历史、地理、资源等因素形成的经济和社会文化辐射区。发展县域经济，不仅要充分利用本县资源，在辖下各乡镇间合理布局配置，更要放眼本区域可利用的资源、市场、技术、人才等要素，融入区域经济文化圈，实现资源共享、市场互惠、技术互通、产业互补，以拓展发展空间，增强经济文化竞争力，实现区域经济文化的共同繁荣。因此，对地方政府绩效进行评价应尊重地方多样性，树立分工协作的理念，在促进乡镇良性竞争协同合作方面做出文章；要根据地区发展实际确定发展战略、发展路径，区别对待县域范围内不同区域的发展。基于发展不平衡的县情乡情，鹤山在开展政府绩效考核评价过程中因地制宜，结合当地的经济社会发展水平，制定切实可行的、有区别性的考核评价方案，把各镇分为“优化开发区”“重点开发区”与“生态发展区”三个区域类型。这样有区分度的绩效评价方式有利于发现和把握处在不同阶段的地区之间及其在各自社会组织、调度、运用生产要素的方式及结果等方面存在的差异，有利于鼓励各片区根据各自比较优势，实现差异式发展，准确地制定今后的发展战略，防止脱离实际、盲目赶超攀比，甚或激发恶性竞争，诱发弄虚作假和腐败等行为。从更广阔的视野观之，鹤山还设计了精细化的市直部门绩效考评问卷，采取分类比较的方式，运用有针对性的抽样方法和调查方法进行考评，尊重了各部门职能的差异性。注重发挥绩效“风向标”和评价“指挥棒”的作用，引导和鼓励机关单位和干部围绕职能工作，积极开展争先创优活动，真正体现服务全局、服从大局，推动跨越发展的目标。在指标导向上，突出争创最佳办事环境，营造“讲奉献、比贡献”的工作氛围。专门设立突出贡献嘉奖加分，明确奖励条件；将本市政府绩效评价与广东省和江门市的政府绩效评价工作有机结合起来，将本市自我评价与省、地市以及第三方绩效评价结果进行比照，以印证自我评价的准确性和真实度。同时，通过与邻近县市的对比，合理调整自我在区位中的定位，尝试融入“要明鹤兴经济圈”（由粤西相互毗邻的高要、高明、鹤山、新兴组成），以此

来协同鹤山本地与全省全市的发展。因此，尊重差异性，以绩效管理促整体发展是鹤山实践的积极探索之一。

七、强化责任意识，注重风险控制

传统上讲，我国的政府绩效管理试验脱胎于过去的岗位责任制、社会服务承诺制和政府问责制等举措，这种责任担当的意识一直传承于我国的行政传统之中。但在过去“有责不究”“重责轻究”的行政环境当中，相关行政责任并没有落到实处，这就给政府绩效管理的全面落实带来很多不确定性。此外，在当前社会风险丛生、社会矛盾以及冲突的预防化解日益被归入政府的日常职能的情况下，政府绩效管理的风险管理与控制也成为一个显性的发展趋势。鹤山在推进地方政府绩效管理的实践摸索中，较好地理解并把握了责任理念和风险意识，并推进了相应的改革步伐：创造性地引入领导干部风险基金管理，与任期经济责任审计挂钩，实现对领导干部监督模式的创新；对政府绩效的考核又进一步促使镇级政府形成绩效管理责任，奖惩并重，增强镇级政府规范财务管理和提高工作效率的责任感。具体而言，为加强对镇领导班子和党政工作部门正职的监督，鹤山市在《镇级领导班子实绩考核试行办法》的基础上，制定了《鹤山市镇级党政领导干部风险基金管理实施细则（试行）》，作为对《试行办法》的完善和补充，把干部监督工作与政绩考核工作紧密结合起来，建立对镇党政“一把手”监督制度，有利于促进领导班子树立正确的政绩观和科学发展观。镇党政“一把手”风险基金，该留多少，发还多少，都是以政绩为依据，接任人和离任审计报告对离任人履行岗位职责情况和经济责任有重要的话语权，从而促使领导班子转变工作作风，破除急于求成的思想，立足长远，确保当地经济社会的又好又快可持续发展。

在市直部门绩效考核办法中，鹤山市强调责任到人。部门绩效最终要落实到每个公务员的具体行为中。鹤山市加强制度建设，制订了《鹤山市机关工作人员基本行为规范》等制度规范公务员公共服务行为，并将其办事态度、工作效率等列入绩效评价的重要内容之一，对敷衍塞责、推诿扯皮造成重点工作未能有效推进的，对责任目标落实不力造成工作滞后影响大局的，坚决追究领导班子和当事人的责任。严格落实国家公务员行为规范投诉查处机制，惩戒“懒怠”和“不作为”的公务员。

八、凸显公众参与，注重参与式管理

公众满意是衡量政府工作的最终标准。老百姓是政府绩效考评的重要主体之一，政府绩效管理应该摒弃“官本位”的思想，引入公众参与。鹤山推行综合绩效考评，实现了党组织、政府、人大、政协、专业评价组织、社会组织和公众等多元考评主体的有机结合。其中，尤为凸显公众作为评价主体的重要地位，高度重视公众的合理诉求，其目的是希望通过政府绩效评价体系这一媒介，提高政府工作的民意回应性，切实增强各级干部的责任意识、服务意识与惠民意识。

鹤山在推进政府绩效管理的过程中，凸显公众参与、坚持满意度导向主要体现在以下两方面：一是在政府绩效评价体系的具体设计上，加强了对公众评议的重视程度和权重。这意味着“民心所向”可以在第一时间就强烈地影响到干部的政绩，从而有效地约束政府行为和激励公共部门及其工作人员扎扎实实地服务于公众，政府绩效评价的“终极目标”指向了“公众满意度”。二是培育绩效文化，注重参与式管理。绩效文化是绩效管理的灵魂。所谓绩效文化，是指绩效管理的宗旨、价值、理念与方法为广大干部所认同并自觉践行。如果说规范化管理体系是开展政府绩效评价的“硬件”建设，那么绩效文化建设就是一种“软件”建设。培育绩效文化的目的，就是希望所有绩效管理参与者对追求组织高绩效的理念和做法高度认同和遵循，并在这一过程中实现自己的价值。传统目标考核更多的是一种上级对下级的“施压”工具，往往是主要领导愿意考核，而操作者存在畏难情绪，考核对象存在抵触情绪。这种现象的出现更多地来自全员对开展绩效考核的不认同。从实践经验看，自2003年开始政府绩效考核的探索以来，在实践中不断调整和改进，充分调动政府绩效考核参与者的积极性，既有上级党委、政府的高度重视和组织实施机构的精心设计、有效协调，也有相关部门和考核对象的积极参与和大力配合，更有服务对象和广大群众的有效参与。多主体参与政府绩效考评，传递了政府绩效信息，使政府绩效考评体系得到很高的社会认同度。

第三章

鹤山政府绩效管理体系

政府绩效管理体系包括理论体系、内容体系、方法体系和对象体系。以传统公共行政理论、新公共行政理论、新公共管理理论和科学发展观理论为核心的理论体系为绩效管理阐明了理念、结构、方向和依据，是政府绩效管理实践的起点。内容、方法和对象体系是政府绩效管理实施的工具与载体。鹤山市政府绩效管理的内容体系包括镇级政府整体绩效和市直部门绩效两方面的内容，方法体系分为定性和定量两类评价方法，对象体系则包括镇级政府、市直部门和财政支出等。

第一节

鹤山政府绩效管理理论体系

地方政府绩效，是指各级地方政府在管理社会公共事务、提供公共服务过程中所取得的成绩和效益。地方政府绩效评价，就是根据一定的目标、方法和尺度，对各级地方政府及其工作人员的工作行为和工作结果进行测量、考核，反映其工作的实际效果，从而奖优罚劣，促进政府改进工作，提升管理效率和服务质量。公共行政学的兴起与发展，为政府绩效评价奠定了理论基础，也为绩效评价的指标体系设计提供了理念指引。传统公共行政理论关注行政过程的效率，而新公共行政理论则强调政府的社会责任，提出政府绩效评价的结果与公民满意取向，强化了公民在政府绩效评价中的地位与角色。科学发展观是中国特色社会主义理论体系的最新成果，是我国社会经济发展的重要指导方针，是发展中国特色社会主义必须坚持和贯彻的重大战略思想，是新时期我国政府绩效考评的战略指导思想。因此，以上理论作为政府绩效评价的理论基础，构成了鹤山政府绩效管理理论体系。

一、传统公共行政理论

传统公共行政学以管理学为理论基础，科学管理理论占据了主导地位，着重于研究如何提高组织过程的效率[1]。从19世纪末到20世纪60年代，传统公共行政理论着重研究的是行政组织的内部取向、机构组成、活动程序、行政原则等行政组织和官僚体制，以管理学为理论依据，政府管理技术为基础。

［1］H.G.Frederickson. Social equity and public administration：A Symposium. Public Administration Review.1974（3）.

在传统公共行政理论看来，公共管理是一种以各种管理技术为基础，追求组织效率与效益的活动与过程。从这个意义上说，公共部门的管理与私人部门的管理没有实质差别。传统公共行政理论的效率取向与企业管理的科学管理理论密不可分。美国的弗雷德里克·温斯洛·泰勒是科学管理理论的奠基人。泰勒的科学管理理论认为，效率是管理的最高目标，科学管理的中心问题是提高效率。此后，源于企业界的科学管理理论对行政管理产生重要影响，也成为诸多行政学家的理论源头。1887年，美国学者威尔逊发表《公共行政研究》一文，标志着公共行政学的诞生。在此基础上，另一位公共行政学家古德诺对效率取向的公共行政思想又推进了一步。古德诺在其名著《政治与行政》中指出："在所有政府体制中都存在着两种主要的或基本的政府功能，即国家意志的表达功能和国家意志的执行功能；在所有的国家中也都存在着分立的机关，每个分立的机关都用它们的大部分时间行使着两种功能中的一种。这两种功能分别就是：政治与行政。"[1]这样一来，经典行政学家们就把行政领域定位为纯技术性的管理过程，追求"效率最大化"成为行政管理领域的最高目标。

效率至上的管理思想对于行政管理组织的设计产生重要的影响。哪一种组织结构设计才能最大限度地提高行政管理组织的效率，这是当时众多行政管理学家思考的核心的问题。对此，德国学者马克斯·韦伯提出了著名的科层制组织理论。他认为，科层制是行政管理组织中最能实现效率与可控性的组织形式。从纯技术的观点来看，纯粹的行政科层制模型能够实现最高的效率，也是形式上已知的对人进行控制的最理性的方式。科层制组织是一种建立在权威和理性基础上的最有效率的组织形式，其最大效用就在于它能够用最有效的方式控制众人为追求特定的目标而共同工作。在传统公共行政理论主导的整个时期，以效率和效益为导向的技术视野是公共行政的标志，行政效率是公共行政理论与实践追求的最高目标。公共行政的一切研究以及实践

[1] H.G.Frederickson. Social equity and public administration: A Symposium. Public Administration Review.1974（3）.

活动（包括组织模型设计、决策导向和公务员行为规范）都始终围绕着高效率这个中心。各种理论流派都试图更好地回答两个问题：第一，在一定可利用的资源条件下，如何提供更多的服务，即效率；第二，在维持现有服务水平的条件下，怎样花更少的钱，即经济。只有符合效率或经济原则的行政行为，才是好的行政行为。“效率至上”的行政范式在很大程度上迎合了西方国家步入工业化、城市化发展阶段的客观需要，是西方社会政治、经济和文化进化的产物。传统公共行政理论对效率与节省的要求，为政府绩效评价确立了效率性（efficiency）和节约性（economy）目标，“两E”的评价标准，增强了政府成本的意识。

二、新公共行政理论

在政治-行政二分法的传统公共行政理论框架下，以经济和效率为基本目标，偏重于公共行政过程中的技术因素，将公平、正义等社会价值因素排除在公共行政理论体系之外，忽视公共行政所应负的广泛的社会责任，忽视政府在调节经济社会协调发展中的整体功能，不可避免地导致政府职能的偏狭，衍生物质主义、贫富分化、赤贫等诸多社会问题。公共行政学离不开对价值和目的的探讨，必须将自身建立在某些明确的目标及价值的基础之上。“价值是公共行政的灵魂，我们从来不认为公共行政的理论和实践仅仅是技术的或者管理的问题。……无论任何人，欲研究行政问题，皆要涉及价值之研究。”[1]在缺少民主、公平、正义等公共行政精神内核的传统行政理论的影响下，西方社会在经济获得前所未有发展的同时，普遍存在着社会不公。这种社会不公导致了各种社会危机，构成了对现有政治制度的根本威胁。在这样的社会背景下，激烈的社会冲突呼唤新的公共行政理论来指导公共管理，改善社会治理效果。新公共行政理论认为，政府不仅应当以经济、效率的方

［1］H.G.Frederickson. Social equity and public administration: A Symposium. Public Administration Review.1974（3）.

式为社会提供高质量的公共服务，而且更应该把维护社会公平作为公共行政所追求的终极目标。新公共行政学扩大了公共行政学研究的视野，对西方国家政府改革实践产生了广泛的影响，特别是顾客导向的理论观点奠定了当代公共管理基本理念的雏形和绩效评价的理论基础。新公共行政学派理论观点主要有以下几点：一是提出了自己的目标，认为政府的目标是维护社会公平，现代公共行政必须考察政府提供的服务是否促进社会公平；效率必须以公平的社会服务为前提，效率必须与公平相结合，追求与社会公平相统一的效率，在政府绩效评价的指标体系中，应增加体现和促进社会公平的指标，引导政府将工作重心从提高经济效率转为维护社会公平。二是政府应该提高公众参与水平，为维护社会公平，应该使所有的利益相关者都能参与公共决策，公开和充分的公民参与决策机制是现代政府决策的准则；政府应该构建畅通的公众参与机制，拓展参与渠道，使公民可以参与公共决策过程，对政府的施政进行评价。因此，在政府绩效评价的体系中，公众应该成为评价的主体之一。三是政府应该秉持顾客导向的服务理念，政府应该通过了解和沟通对话来促使与其服务对象——人民产生诚挚的互动，必须对广大民众的需求做出积极反应，扩大公众参与的基础，进而实现政府的公共服务责任与义务。与传统公共行政理论不同，该理论强调必须关注人民需求，以改善人民的生活，提高公众对政府的满意度，作为行政管理的最终目标。因此，在政府绩效评价的内容中，应该增加公共服务满意度和公共服务质量等内容。四是政府应该提高行政的民主化水平，新公共行政理论主张民主行政，并以此作为新公共行政学的学术识别标志。它从其社会正义和社会公平的理论基点出发，认为民主行政是实现其社会公平价值观的有效形式。

新公共行政理论试图修正效率、经济至上的传统公共行政理论，重新为公共行政寻找新的价值，重塑公平、正义、顾客导向在公共行政中的中心地位。新公共行政运动扭转了传统西方公共行政学研究的理论格局，是公共行政发展史上具有重要意义的一座里程碑，甚至可以说是西方公共行政学发展历程中的一次“范式转换”[1]。新公共行政理论最核心的价值在于它所倡导的社会公平、公众参与、顾客导向、民主行政等行政管理理念，为政府绩效评价增添了公平性、公共性和民主性等评价内容，确立了公众在绩效评价中的主体地位。

三、新公共管理理论

“新公共管理”作为一种实践和理论，是针对现实问题的关于政府行为和政府管理的新理念、新方法和新模式，旨在克服政府面临的危机、提高政府的效能和合法性。关于新公共管理的内涵和主张，西方公共管理学者及实践者们做了不同的概括和描述。代表性的观点有三种。第一种是世界经济与合作组织的认识，认为新公共管理增强和提高政府提供公共产品和服务能力的两个途径：一是“提高公共组织的生产绩效，目的是提高人员、发展、合格人才的招聘以及绩效奖励等方面的人力资源管理水平”，二是“充分利用私营部门。新公共管理主张从工商管理方法中汲取营养，认为政府公共部门应广泛采取私营部门成功的管理方法和竞争机制。如绩效管理、组织发展、目标管理和人力资源开发等方法，它们完全可以广泛地应用到公共部门的管理之中去。”[2]总之，新公共管理不像传统的公共行政那样，将公共管理的主体局限在政府行政机关特别是官僚机构上，而是把公共管理放在全社会动员的层面上，使参与公共管理的对象扩大到公众、企业和非营利组织或非政府组织上。

第二种是美国公共管理学家胡德（Hood）的认识，他从管理过程的角度看待“新公共管理”，包括七个方面：公共政策领域中的专业化管理，绩效的明确标准和测量，格外重视结果和控制，公共部门内由聚合趋向分化，公

[1] H.G.Frederickson. Social equity and public administration: A Symposium. Public Administration Review.1974（3）.
[2] OECD. Public Management Developments:1990. Paris: OECD. p. 11.

共部门向更具竞争性的方向发展，对私营部门管理方式的重视，强调资源利用的强制性和节约性[1]。

第三种是澳大利亚公共管理学家欧文·E.休斯（Owen E.Hughes）的看法。他从一般管理的框架入手得出了新公共管理的综合性的框架，认为“新公共管理”的内容包括战略、管理的内部要素和管理的外部构成要素三个部分[2]。新公共管理之“新”在于，它强调政府运行应该借鉴过去仅在企业中广泛运用而在公共部门管理中不被重视的成本控制、目标管理、职责分权和绩效测量等管理技术和方法，将人们的注意力从过去对公共部门管理过程的强调转移到对结果的关注。

总的来说，新公共管理理论主要包含以下三方面内容：一是顾客导向的公共服务理念。政府服务应以顾客为导向，增强对社会公众需要的回应力。显然，提供满足公众需要的优质公共服务成为了政府管理的应有之义。这种关系定位为政府绩效评价树立了服务和顾客至上的管理理念，强调政府管理活动必须以顾客为中心，以顾客的需要为导向，重视管理活动的产出、效率与质量。二是结果导向的政府绩效理念。新公共管理主要关注的不是过程、程序和机械执行上级指示办事以及内部取向，而是更多地关注取得的结果和对结果取得的个人责任。新公共管理反对传统公共行政重遵守既定法律法规轻绩效测定和评估，重程序形式轻实质结果的做法，主张放松严格的过程规制（主要通过法规、制度控制），而实现严明的绩效目标控制，即确定组织、个人的具体目标，并根据绩效指标对目标完成情况进行测量和评估，由此而产生了所谓的“三E”（即经济、效率和效果等三大变量）。新公共管理由传统公共行政重视机构、过程和程序转向重视项目、结果和绩效，使得公共管理的战略管理、绩效评价、公共责任制等成为公共管理学的核心主题，更加重视政府活动的产出和结果，即重视提供公共服务的效率和质量。

[1] Hood. Christopher. A public management for all seasons? Public Administration,1991（1）.
[2] 欧文·E. 休斯. 公共管理导论［M］. 彭和平，周明德，金竹青，译. 北京：中国人民大学出版社，2001：64—66.

三是强调公平与效率的统一。新公共管理强调，政府应该实现公平与效率的统一。一方面，政府应引进企业管理领域经验，提升管理效率；另一方面，政府应致力于促进与维护社会公平。这就要求政府应一视同仁，公平地提供各种公共产品或服务，公众可以平等地从政府公共产品或服务中受益；政府应该增加民生财政支出，不断提高教育、医疗、住房保障水平；政府应该保证弱势群体的基本生活水平。新公共管理理论主张以私营部门的理念与组织方式改造公共部门，为公共部门引进竞争机制、顾客至上理念、结果导向的评价机制。对于政府绩效评价来说，随着新公共管理运动的深入，政府绩效评价强调对结果和质量、效能的评价，评价的重心从单一的经济性转向经济性、效率性、效果性、公平性、责任性并重。“经济、效率、效果、公平、责任”成了分析政府绩效的基本维度，它们构成了绩效评价的基本模式和绩效评价指标体系的基本主题，全面体现政府的公共责任和使命。

四、新公共服务理论

美国亚利桑那州立大学登哈特夫妇提出的新公共服务理论，将公民置于整个治理体系的中心，强调政府最重要的职能是提供公共服务而非“掌舵”，推崇公共服务精神，旨在提升公共服务的尊严与价值，重视公民社会与公民身份，重视政府与社区、公民之间的对话沟通与合作共治。新公共服务理论的核心和实质有两个主题：一是促进公共服务的尊严和价值，二是将民主、公民权和公共利益等价值观重新肯定为公共行政的卓越价值观[1]。作为一种新理论，新公共服务理论是建立在民主、责任和服务的基础上的，其核心价值理念在于：政府的主要职能不是制定政策，而是提供公共产品与公共服务，奉行服务理念；强调在民主对话、沟通协商的基础上加强政府与社区、民众的合作互动，建立有效的公民利益表达机制。

[1] 珍妮特·V. 登哈特，罗伯特·B. 登哈特. 新公共服务：服务而不是掌舵［M］，北京：中国人民大学出版社，2004：前言.

新公共服务理论主要观点是：一是公共服务是政府的核心职能。政府是服务者而非领航者，政府应该着力于为公民和社会经济发展供给充足的教育、环保、医疗、道路、安全等公共产品和政务服务，政府的重要角色和作用在于帮助公民实现其利益，为社会经济发展创造良好环境和提供优质服务，而非试图驾驭公众或为其引导新方向。二是公共利益是政府的核心使命。公共利益体现在对公民、公民权利的保障，实现政府与社会和民众的对话、交流、沟通和协商以及民众对政府治理过程的实质性参与，进而维护和实现公共利益。对于政府来说，公共利益不是副产品而是首要目标，政府必须致力于维护、增进和实现广大人民群众在经济、环保、教育、医疗、安全、住房等公共事务与公共服务领域应有的公共利益。三是公民导向是政府的服务理念，政府是服务于公民而不是顾客。公民是普遍的、积极参与公共事务的，而顾客是相对的、被动的服务对象。

新公共服务理论强调政府的角色由领航转变为服务，以公民为导向，以公共利益为依归，进行战略思考，注重政府与社区和公民之间的沟通；强调建设公共服务型政府，提高公共服务的水平与价值，进而确保政府管理的民主、公民与公共利益等核心目标得到实现。新公共服务理论为政府职能确定了新的内涵，也为政府绩效评价指明了新的方向，要求政府绩效评价应该加强公共服务型指标的评价，强化公民在考评体系中的主体地位，提高政府的服务意识与对公民需求的回应性，提升政府的战略思考、规划与行动能力。

五、科学发展观理论

改革开放三十年，我国现代化建设取得了举世瞩目的巨大成就，人民生活水平不断提高。但随着市场经济的发展和改革开放的深入，社会不公等问题逐渐暴露。要解决发展中的问题，就必须转变发展思路和发展观念。正是立足于我国社会主义初级阶段的基本国情，在总结国内外发展经验基础上，我们党在十六届三中全会上提出了科学发展观。胡锦涛总书记在十七大报告中高度概括了科学发展观的内涵，指出科学发展观的第一要义是发展，核心是以人为本，基本要求是全面协调可持续性，根本方法是统筹兼顾，明确了科学发展观是指导社会经济发展的根本指导思想，指明了进一步推动中国政治经济改革与发展的思路和战略，是马克思主义关于发展的世界观和方法论的集中体现，标志着中国共产党对于社会主义建设规律、社会发展规律、共产党执政规律的认识达到了新的高度。十八大报告又把科学发展观同马克思列宁主义、毛泽东思想、邓小平理论、“三个代表”重要思想一道，作为党必须长期坚持的指导思想。

科学发展观是马克思主义同当代中国实际和时代特征相结合的产物，对新形势下实现什么样的发展、怎样发展等重大问题做出了新的科学回答，把我们对中国特色社会主义的认识提高到新的水平，开辟了当代中国马克思主义发展新境界，是中国特色社会主义理论体系最新成果，是中国共产党集体智慧的结晶，是指导党和国家全部工作的强大思想武器。科学发展观是一个强调以人为本、和谐共生、全面发展的现代化发展模式，其内涵是要把人民的利益作为我党一切工作的出发点和落脚点，发展要注重公平和可持续性，始终以人为中心，不断满足人们的各种需求和促进人的全面发展。实施政府绩效评价，是落实科学发展观的主要举措，正确的绩效观来自于正确的政绩观，正确的政绩观又来自于科学的发展观。

总的来说，科学发展观为政府绩效考评提供了以下启示：一是全面的绩效观。科学发展观的第一要义是发展，科学发展观是一种全面的发展观，强调经济、政治、文化、社会事业的协调发展及人与自然的和谐，它要求政府绩效不仅体现在经济领域，还体现在政治发展、文化发展、社会发展、人的发展等方面，因此应该树立全面的绩效观，设计政府绩效评价指标体系时应综合各方面因素，不应只突出经济增长因素。二是长远的绩效观。科学发展观的基本要求是全面协调可持续。这就要按照中国特色社会主义事业的总体布局，全面推进经济建设、政治建设、文化建设、社会建设、生态文明建设，促进现代化建设各个环节、各个方面相协调，促进生产关系与生产力、上层建筑与经济基础协调。科学发展观是可持续的发展观，它不仅关注现时的发展，更关注未来的发展。以科学发展观审视政府绩效评价，不仅考察政府短期的政绩，还要考察政府工作的长期影响。为此，科学发展观要求测量政府活动成果对于实现全面、协调、可持续发展的实际功能，需要衡量政府产出的广泛和长期的影响，即综合考察产出和影响两个方面。三是以人为本的绩效观。科学发展观的核心是以人为本。以人为本就是以最广大人民的根本利益为本，体现了我党全心全意为人民服务的根本宗旨和我们推动经济社会发展的根本要求。政府绩效评价应体现科学发展观“以人为本”的发展要求，树立“以人为中心”的政绩观。衡量各级政府工作的最终尺度是看政府在最大限度上、最广范围内长期地保护每个人的生命健康，提高每个人的生活水平和质量，促进全体人民根本利益的提高。因此，政府绩效评价的内容要按照胡锦涛总书记提出的“以解决人民最关心、最直接、最现实的利益为重点，使经济发展成果更多地体现到改善民生上”的要求，把解决民生问题作为政府绩效评价的一项重要指标，突出解决好就业、就医、社保、低保、教育等事关人民群众切身利益的民生问题，促进各级政府实现好、维护好、发展好人民群众的根本利益。四是公众参与的绩效观。科学发展观的根本方法是统筹兼顾。坚持统筹兼顾，就是要正确认识和妥善处理中国特色社会主义事业中的重大关系，统筹个人利益和集体利益、局部利益和整体利益、当前利益和长远利益，充分调动各方面积极性，既要总揽全局、统筹规划，又要抓住牵动全局的主要工作、事关群众利益的突出问题，着力推进，重点突破。要实现统筹兼顾，公民参与公共事务，表达利益诉求，是重要的渠道。对于政府绩效评价来说，需要构建开放的政府绩效评价体系，不断提高人民群众参与程度，着力解决“谁来评”的问题。公民参与政府绩效评价是坚持以人为本、统筹兼顾的发展观的内在要求，应让公民参与确定评价项目、设立绩效目标、制定绩效标准、评价政府绩效和利用绩效评价改善政府服务等政府绩效管理全过程。

第二节

鹤山政府绩效管理方法体系

政府绩效考评是个复杂的、系统的过程，需要运用科学的方法检查和评定政府的成绩和效益，促进和提高政府绩效。目前，政府绩效考评方法，主要可分为定性与定量两大类。定性方法是指通过问卷调查、访谈、文献等方式测量政府绩效的方法，常见的有民意调查法、德尔菲法等。定量方法是指运用统计原理对社会现象的数量特征、数量关系和事物发展过程中的数量变化等方面进行科学分析，常见的方法有数据包络分析法、层次分析法等。政府绩效的考评方法、程序和手段较多，也较为完善，但方法运用均有一定的条件，任何绩效考评方法都不可能十全十美，只有根据具体情况采用最合适的方法才是明智的做法。

一、政府绩效考评的定性方法

政府绩效考评的定性方法，是指以现有的文献资料或调查材料为依据，对政府绩效运用演绎、归纳、比较、分类、矛盾分析等方法，以判断政府绩效的实现程度。政府绩效的部分内容，其过程和结果往往难以被确认和加以量化，比如政府的民主、透明程度与公正性，公民对政府的认同，公共服务态度等等，需要使用定性的方法加以考评。由于定性方法允许不依赖定量化设计所必需的结构化数据检验这些复杂的现象，因此可通过更深入和更易感知的挖掘发现政府绩效的内在状况。政府绩效考评中常用的定性方法，包括文献法、德尔菲法、360度绩效考评法、KPI法等。

1. 文献法。文献法就是搜集和分析研究各种现存的有关文献资料，并从所搜集的文献群中选取有价值的资料，对这些资料做出恰当分析，从中选取信息，以达到某种调查研究目的的方法。这里所指的文献资料可分为学术文献和资料性文献两大类，前者如专著、教科书、科普读物、杂志、丛刊、学报等，后者如文摘、百科全书、年鉴以及各种档案资料。文献法的基本步骤包括文献搜集、整理和分析三个环节。政府绩效的文献法主要体现在以下方面：一是对政府绩效指标体系的设计。要考评政府的绩效，需要构建考评指标体系。具体指标的初始产生，需要查阅大量相关文献，以初步拟定可反映政府绩效的政治、行政、社会、经济等领域的指标范围。二是确立政府绩效的标杆或参照系。为对政府绩效某一指标进行考评，往往需要确定其标准值，这就必须查阅大量文献资料，了解国内外对该指标的标准值的取值范围，再根据地区实际进行调整。三是考评数据资料的收集。要对政府的社会经济绩效进行考评，需要收集大量的社会经济数据，相应地要求考评人员查阅社会经济的统计资料。

2. 德尔菲法。德尔菲法又称专家咨询法，是一种多轮次的专家调查法。它依据系统程序，采用专家匿名发表意见的方式，通过多轮反馈对某类问题进行考评和预测。它由组织者就拟定的问题设计调查表，通过函件分别向选定的专家组成员征询调查。按照规定程序，专家组成员通过组织者的反馈材料匿名地交流意见，通过几轮咨询和反馈，专家们的意见逐渐集中,最后获得具有统计意义的专家集体判断结果。作为一种定性的方法，德尔菲法广泛用于考评指标体系的建立和具体指标的确定过程。实践表明，德尔菲法对各种考评指标体系的建立有明显的优势和价值，其效用得到了各个领域研究者的普遍认同。在应用德尔菲法进行政府绩效指标体系设计时主要有以下几个关键环节：选择专家，拟订初始指标集和专家咨询问卷，专家征询和数据处理。

3. 360度绩效考评法。360度绩效考评法也称为多视角考评法或多主体考评法。它是一种从不同层面的人员中收集考评信息，从多个视角进行综合考评的方法。360度绩效考评法中的考评人员由被考评者本人以及与他有密切关系的人组成，包括被考评者的上级、同事、下级和服务对象（包括内部对象和外部对象）以及被考评者本人，从多个角度、多种渠道收集和反馈被考评者的信息。360度绩效考评法的理论和实践基础在于组织成员满意度和全面质量管理。经由360度绩效考评，组织可收集到多方面的考评信息，从而从内外、正反、上下等多个维度，对组织绩效提出较公正和符合实际的考评标准和结果。对于地方政府组织绩效考评而言，最重要的是360度绩效考评法的顾客观：将顾客纳入考评者的角色，这样就帮助决策者得到符合组织战略和组织目标的有价值的参考信息。360度绩效考评方式所提供的多元考评建议，其优点体现在对客观性与全面性的强调，在实践中，更加有助于凝聚各方的力量，促进组织内以及组织与环境的合作互动，发现和解决问题，不断调整组织方向，并引导组织力量的整合。在开展政府绩效考评时，360度绩效考评法的考评主体为内部与外部考评主体，具体为上级部门或领导、公众、同级部门、党代表、人大代表和政协委员、被考评者以及基层部门等。包括：一是上级考评，是指从管理者、领导干部的角度对下级部门或人员的工作业绩、能力、心理因素以及品德素质进行的考评。二是基层考评，是指下级在执行、贯彻、落实任务过程中，在与上级进行相互沟通、相互联系中，对上级的能力素质、政绩的考评。三是同级考评，是指具有工作关系、合作关系、同级关系的对象之间的相互评价。四是自我考评，是指部门或个人对自身的业绩、个性、能力、品性的考评。五是群众考评，是指选择公众考评领导干部的一种方式。六是党代表、人大代表、政协委员考评，是指由各级党代表、人大代表和政协委员等组成的专门委员会对考评对象（主要是公共部门及其领导干部）进行考评的一种方式。

4. KPI法。KPI是Key Performance Indicator的简称，即关键绩效指标，是绩效考评的有效工具。KPI的原理是部门的绩效取决于其关键职责的履行，因此，绩效考评应该主要考核关键绩效的指标。KPI的精髓是“关键”，将KPI应用于地方政府绩效考评中，是通过对地方政府20%的关键行为进行考核，推导出地方政府80%的绩效。

KPI法是指根据地方政府的发展战略目标与规划，选取最能体现地方政府战略的关键指标来考评政府部门与公务员。KPI绩效考评指标体系必须符合关键性、整合性和精炼性三个要求[1]。在具体操作层面，选取关键绩效指标时需要对政府部门的职责进行详细剖析，根据政府的战略目标与部门的性质分解出部门职责的关键部分，即该部门的主要职责、年度重要工作与主要任务，由此设定关键绩效指标进行考评。详见图3-1。

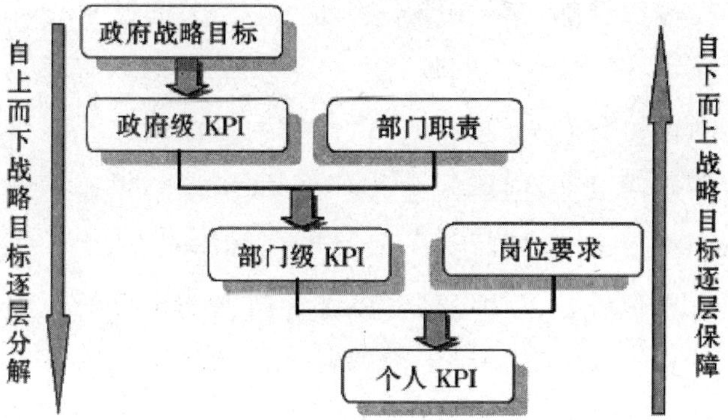

图3—1　KPI应用于政府绩效评价流程图

5. **平衡计分卡法**。平衡计分卡（Balanced Scorecard，简称BSC），是一套对公司战略管理的绩效进行财务与非财务指标综合考评的积分卡片。BSC的核心思想就是通过财务、客户、内部流程、学习与成长四个方面指标之间相互驱动的因果关系展现组织的战略轨迹，实现绩效考核—绩效改进以及战略实施—战略修正的目标。平衡计分卡中每项指标都是一系列因果关系中的一环，通过它们把相关组织的目标同战略联系在一起。同时，也是在定量考评之间、客观考评与主观考评之间、指标的前向指导与后向控制之间、组织的短期增长与长期发展之间、组织的各利益相关者的期望之间寻求“平衡”的基础上完成的绩效管理与战略实施过程。

平衡计分卡经过改造后，也可适用于政府绩效考评，具体见图3-2。政

[1] 彭国甫，郑小玲. KPI及其在地方政府战略管理绩效考评中的应用［J］. 甘肃行政学院学报，2007（3）.

府在使用平衡计分卡法过程中，应注意以下几点：一是注重政府的使命和使命指导下的战略观念，并能够在设计指标体系的过程中体现政府的战略和使命，使之化为具体的行动准则和行为标准，落实到政府成员的身上。政府的使命是为人民服务，更为关注的应该是全体公民对政府服务的满意度。在民主社会中，政府的主要作用是服务于全体公民，将管理寓于服务之中。二是注重政府考评指标设计的完整性和平衡性，不但关心产出指标，还要关心投入指标，并且真正将影响产出的投入——人员、技术、流程、信息、学习、创新等因素明晰化，分解为可衡量、可操作的具体指标。三是注重政府绩效考评管理的闭环规律（循环性），不但要形成考评结果，还要把考评结果反馈到考评对象、作用到考评对象，通过考评促进工作，促进改革，发现人才，培养人才，真正做到以评促建、以评促改，建设高效、服务与人民满意机关。

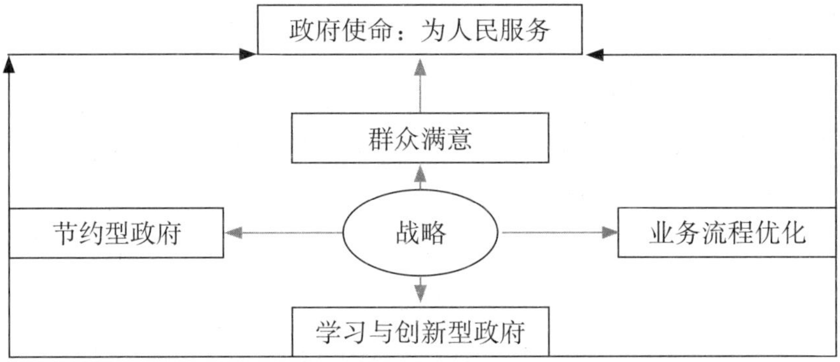

图3—2　政府绩效平衡计分卡考评法结构图

二、政府绩效考评的定量方法

政府绩效考评定量方法，是指通过对政府绩效考评指标的数量特征、数量关系与数量变化进行分析，目的在于揭示和描述政府绩效的相互作用与发展趋势。定量分析是把政府绩效运用自然科学的方法进行规范化、数理化，从而实现对数据进行标准化处理，设置指标权重，计算综合指数。政府绩效考评中的定量方法较多，如公众满意度测评法、层次分析法等。

1. 公众满意度测评法。政府绩效的公众满意度考评可参考顾客满意度指数考评的方法。顾客满意度指数CSI（Customer Satisfaction Index）是对各种类型和各个层次具有代表性的顾客满意程度的综合考评指数，它以各类产品和服务的消费及其过程为基础，反映社会经济产出和运行情况的一种全新的质量指标。在编制顾客满意度指数时，需要运用社会学、心理学、统计学、消费者行为学等多学科的基本原理与方法设计逻辑模型，并通过偏最小二乘法等算法估计模型参数。目前，国际上使用较广泛的顾客满意度指数主要有美国顾客满意度指数（ACSI模型）、欧洲顾客满意度指数（ECSI）、韩国顾客满意度指数（KCSI）等，中国顾客满意度指数（CCSI）也已经投入使用。

一般而言，实施公共部门公众满意度考评，大致可分为前期准备、实施考评以及结果处理与反馈三个阶段：第一，前期准备阶段。这一阶段的主要任务是构建考评指标体系和设计调查问卷。第二，实施考评阶段。在这一阶段，首先可采用“接触—认知—考评”的方法，确定接受调查者是否属于服务对象范围。第三，结果处理及反馈阶段。这一阶段的主要步骤包括：对调查得到的数据进行加工处理，初步估计参数，根据各种拟合指数调整模型并实施信度与效度检验，得到最终估计参数，计算出最终的公众满意度分值，并对模型结果做出合理的解释等。

2. 层次分析法。层次分析法（简称AHP）就是广泛应用于多指标综合考评模型中的一种考评方法。层次分析法的基本原理，是在政府绩效考评过程中，使用主要是多指标综合考评方法的统计分析方法，即在构建考评指标体系的基础上，利用一定方法对各个指标做预处理，构建综合考评模型求得综合考评值，据此对现象总体进行比较、分类和排序的一种统计分析方法。一般步骤包括：明确考评目的，确定被考评对象，建立考评指标体系（包括收集考评指标的原始值、考评指标的若干预处理等），确立与各项考评指标相对应的权重系数，选择或构造综合考评模型，计算各系数的综合考评值并进行排序或分类。

层次分析法的基本思想就是将组成复杂问题的多个元素权重的整体判断转变为对这些元素进行“两两比较”，通过“两两比较”的方式确定层次中诸因素的相对重要性，然后再转为对这些元素的整体权重进行排序判断，最后确立各元素的权重。层次分析法是确定政府绩效考评指标权重的常用方法，具体流程如图3–3所示。

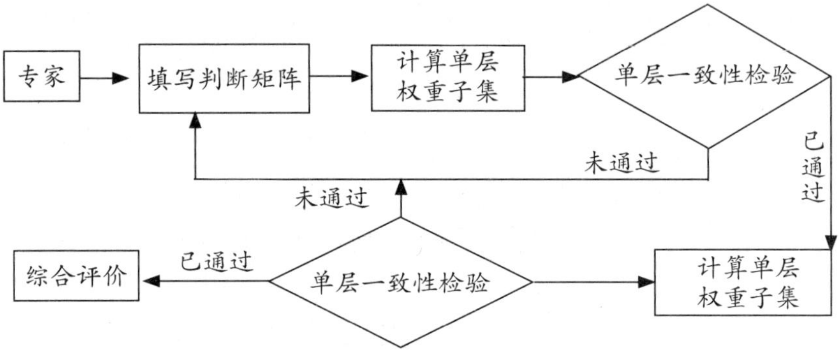

图3–3　层次分析法运用流程

层次分析法的基本步骤如下：

首先，构造两两比较判断矩阵。在确定的递阶层次结构中，每一个元素和该元素支配的下一层元素构成一个子区域，对于子区域的各元素的相对重要性采用专家调查法用数值形式给出判断，并写成矩阵形式，如表3–1所示。

表3–1　比较判断矩阵

A_K	B_1	B_2	B_3	…	B_n
B_1	B_{11}	B_{12}	B_{13}	…	B_{1n}
B_2	B_{21}	B_{22}	B_{23}	…	B_{1n}
B_3	B_{31}	B_{32}	B_{33}	…	B_{3n}
…	…	…	…	…	…
B_n	B_{n1}	B_{n2}	B_{n3}	…	B_{nn}

其中，B_{ij}表示相对于A_k而言，B_i对B_j的相对重要性。通常取1，2，…，9及它们的倒数作为标度，其标度含义如表3–2所示。

表3-2　萨迪标度说明表

标　度	含　义
1	两指标（X_i，X_j）相比，具有同等重要程度
3	两指标（X_i，X_j）相比，X_i比X_j稍微重要
5	两指标（X_i，X_j）相比，X_i比X_j明显重要
7	两指标（X_i，X_j）相比，X_i比X_j非常重要
9	两指标（X_i，X_j）相比，X_i比X_j极其重要
2，4，6，8	取上述两相邻判断的中值
相应上述值的倒数	两指标（X_i，X_j）相比，X_i比X_j不重要的描述

其次，层次单排序和一致性检验。层次单排序是根据判断矩阵计算，相对于上一层某因素而言，本层次与之有联系的因素的重要性次序的权值，它可以归结为计算判断矩阵的特征和特征向量问题，即对判断矩阵B，计算满足$BW=\lambda_{\max}W$的特征根和特征向量，并将特征向量正规化，将正规化后所得到的特征向量$W=W(w_1, w_2, \cdots, w_n)^T$作为本层次元素$b_1$，$b_2 \cdots b_n$对于其隶属$A_k$元素的排序权值。

为了检验判断矩阵的一致性，需要计算它的一致性指标CI，定义

$$CI=\frac{\lambda_{\max}-n}{n-1}$$

当$CI=0$时，判断矩阵具有完全一致性。$\lambda_{\max}-n$愈大，CI就愈大，那么判断矩阵的一致性就差。为了检验判断矩阵是否具有满意的一致性，需要将CI与平均随机一致性RI进行比较。RI的取值见表3-3所示。

表3-3　平均随机一致性指标

阶数n	1	2	3	4	5	6	7	8	9	10
R	0	0	0.52	0.89	1.12	1.26	1.36	1.41	1.46	1.49

CI与RI的比值称为判断矩阵的一致性比率。如果判断矩阵$RC=\frac{CI}{RI}<0.10$时，则此判断矩阵具有满意的一致性，否则就需要对判断矩阵进行调整。

最后，层次总排序和一致性检验。利用同一层次中所有层次单排序的结果，就可以计算针对上一层次而言，本层次所有因素重要性的权值。层次总排序需要从上到下逐层进行。如果因素A隶属的n个指标b_1，$b_2 \cdots b_n$对，对A的排序数值向量为$W_{A \to B_i}(a_1, a_2, \cdots, a_n)$，$B_{ik}$对指标$B_i$的层次单排序数值为向量$W_{A \to B_i}(b_1, b_2, \cdots, b_n)$，此时$B_{ik}$对$A$的数值向量为：

$$W_{A_i \to B_k} = W_{B_i \to B_k} \times W_{A \to B_i}$$

分别将一级指标B_i，相对于总指标A的权重向量$W_{A \to B_i}$，和二级指标B_{ik}相对于其隶属指标B_i的权重向量代入上述公式，可计算出层次总排序，即二级指标B_{ik}相对于总指标A的权重向量。综合考评指标权重即为所求。一致性指标为：

$$CR = \sum_{i=1}^{a} a_i CI_i / \sum_{i=1}^{a} a_i RI_i$$

其中，CI_i为B_{ik}对B_i单排序的一致性指标，BI_i为相应的平均随机一致性指标。类似地，当$CR<0.10$时，认为层次总排序具有满意的一致性。

3．数据包络分析法。数据包络分析的基本原理数据包络分析（Data Envelopment Analysis，简称DEA）是由著名运筹学家A.Charnes和W.W.Cooper等在“相对效率考评”概念基础上发展起来的一种新的系统分析方法。DEA方法使用数学规划模型比较决策单元（Decision Making Units，简称DMU）之间的相对效率，从而对决策单元的绩效做出考评。其特点是无需用特定的函数形式来表示投入与产出的相互关系，而是将测定对象与其邻近的“比较组”中的样本做比较来测定效率。

DEA法的观念可溯自1957年Farrell对生产效率所提出的衡量方法。Farrell提出以非预设生产函数型态取代常用的预设生产函数型态来考评效率值，利用实际观测点与效率前缘的位置距离关系来求出技术效率（Technical Efficiency）；若考虑投入因素的价格比，则可以求出价格效率（Price Efficiency）；而总效率（Overall Efficiency）则为二者之乘积。事实上，技术效率所代表的意义，即是衡量投入的生产源是否有效率地被利用，以在现有的技术水准下获得最大的产出；相同地，价格效率所代表的意义，指在既定的技术效率下，使其生产所投入的资源要素成本为最低。

在政府绩效考评方面，DEA可视为一种新的“统计”方法。传统的统计方法是从大量样本数据中分析出样本集合整体的一般情况，其本质是统计平均性。而DEA方法则是从样本数据中分析出样本集合中处于相对最优情况的样本个体，其本质是个体最优性。且DEA是致力于将有效样本与非有效样本分离的“边界”方法，克服了错用生产函数的风险及平均性的缺陷。与其他政府绩效考评方法相比较，DEA具有以下三个优势：一是能够同时处理多项投入及多项产出的效率考评问题，而不须事先设定权重且权重不受人为主观因素的影响，克服其他一些方法必须确定各指标权重时不可避免的主观随意性，在考评过程中较具有公平客观及合理性；二是可同时处理定性及定量的因素，亦可同时处理比率尺度（ratio scale）数据及顺序尺度（ordinal scale）数据，特别是随着线性规划单纯性求解技术的进一步成熟，使得该方法具有较强的操作性；三是可比较业务相同的不同政府部门之间绩效的相对有效性，既可以为上级政府考核和监督下级多个部门工作提供有效参照，又可以作为一种考评结果，为考评对象改进工作状况、调整决策、实现资源配置最优化提供可靠的依据。

数据包络分析的基本逻辑框架的内涵是在单位周期内对各部门或部类进行绩效考评，可根据期初标准进行单独的测量，也可在标准难以确立时，进行相互比较，目的都是考评各部类绩效水平的高低。借用管理决策学派的观点，将每一部门或部类称为决策单元，再引入经济学中“投入—产出”的观点，将决策单元的“消耗”定为输入项，将“消耗”过后产生的“绩效”定为产出项。从这个意义上说，可得出这样的结论：在相同绩效水平下，人力、物力等资源投入越小，决策单元的有效性越高，反之在相同的投入水平下，绩效产出越大越好。

设有n个决策单元，每个决策单元有输入向量$X_j=(X_{j1},X_{j2},\cdots,X_{jn})$，输出向量 $Y_j=(Y_{j1},Y_{j2},\cdots,Y_{jn})$，对任意决策单元$DUM_j$基于凸性、锥性、无效性和最小性的公理假设，由生产可能集：

$$T=\{(X,Y)\left|\sum_{j=1}^{n}X_j\lambda_j\leqslant X,\ \sum_{j=1}^{n}Y_j\lambda_j\geqslant Y,\ \lambda_j\geqslant 0,j=1,2,\cdots,n\right.\}$$

可得到如下DEA模型（C^2R）：

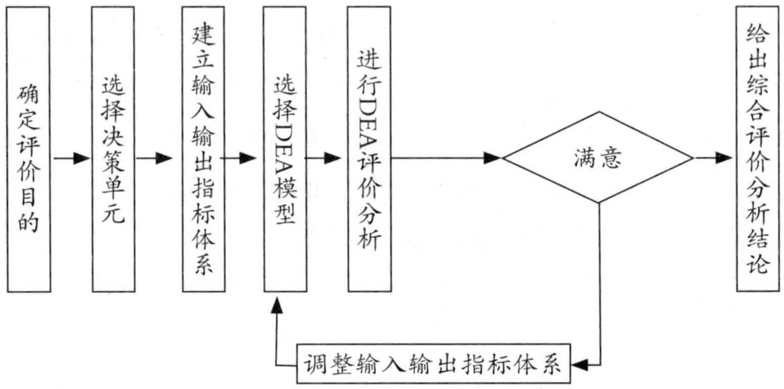

图3-4　DEA运用流程

$$\begin{cases}\min\left[\theta-\varepsilon\left(\sum_{j=1}^{n}s_i^-+\sum_{j=1}^{n}s_i^+\right)\right]\\ S.t.\ \sum_{j=1}^{n}x_{ij}\lambda_j+s_i^-=\theta x_{i0},\ i\in(1,2,\cdots,m)\\ \sum_{j=1}^{n}y_{ij}\lambda_j-s_r^+=y_{r0},\ r\in(1,2,\cdots,s)\\ \theta,\ \lambda_j,\ s_i^-,\ s_r^+\geqslant 0,\ j=1,2,\cdots,n\end{cases}$$

其中，X、Y分别代表输入与输出变量；λ_j是输入输出指标的权系数；m和s分别表示输入和输出指标的个数；X_{i0}和Y_{r0}表示第j_0个DUM的第i项输入和第r项输出向量；s_i^+和s_r^-分别为松弛变量；ε为非阿基米德无穷小，一般取10^{-6}。

在模型中，当最优解$\theta=1, s^{-*}=0, s^{+*}=1$时，称决策单元 j_0为DEA有效；当$\theta^*<1$或$s^{-*}\neq 0, s^{+*}\neq 1$时，则称决策单元 j_0为非DEA有效。

依据Golnay及Roll的研究，DEA方法在应用程序上可简化为三个主要步骤：

第一步，定义问题及选择决策单元以便进行考评。DEA方法的基本功能是考评，特别是进行多个同类样本间的“相对优劣性”的考评，为了正确地运用DEA方法，得到科学的考评结论和有用的决策信息，必须正确地选择决策单元。从技术和经验上，DEA对决策单元个数有如下要求：一是所有的*DUN*应该具有“同类型”特征，二是*DUN*的相对比较个数以大于输入输出指标总个数为宜。

第二步，寻找具有相关性且合理的投入项与产出项，以进行考评所选定的决策单位的相对效率。选择输入输出指标的首要原则是反映考评目的和考评内容，其次从技术上应避免输入（输出）集内部指标间的强线性关系，最后要考虑指标的重要性和可获得性。

第三步，应用DEA方法并对实证研究结果加以分析。对于不同的考评目的和内容，DEA法有很多种模型供选择，除上文介绍的C^2R模型外，还有C^2GS^2、C^2WH、C^2WHL等模型。在运用过程中，特别当对DEA考评和分析结论不满意时，需要在不脱离考评目的的前提下调整输入输出指标体系，重新求解。反复调整输入输出指标体系，进行不同的DEA考评分析，对比不同结果，可以观察到哪些指标对*DUN*的有效性有显著影响，哪些指标对*DUN*的有效性影响甚微。

第三节

鹤山政府绩效管理内容体系

确定政府绩效管理内容体系应从以下三个方面进行：一是体现科学发展观和政府职能转变的要求，紧紧围绕经济调节、市场监督、社会管理、公共服务职能，评价政府该做的事和履行法定职责的程度，不能将政府越位、错位的工作纳入绩效管理内容体系。二是体现当代绩效管理的理论和实践成果。按“经济性、效率性、效果性、公平性”导向确立指标内容，以“平衡计分卡”理论为参考，从职能任务完成情况、内部学习成长、公民满意程度和创新发展多个维度优化构建内容体系。三是体现地区发展的阶段性特征，充分考虑到各个地区的发展特点和地方政府职能存在的层级差别，在制定绩效指标时体现其差异性，从理论到实践予以科学严密的论证，不能仅凭经验“闭门造车”。

鹤山市在设置考核内容上，重在全面贯彻鹤山市委、市政府的决策和工作部署，重在部门重要职能履行的评价，重在鹤山市委重大督办事项、市政府年度考核目标任务、人大代表的议案和建议、政协委员的提案等工作指标的完成情况。鹤山政府绩效管理内容体系主要包括两个方面：一是镇级政府整体绩效指标体系，二是部门绩效考核评价指标体系。

一、镇级实绩考核评价内容体系

按照指标构建原则，至少应包括目标层、领域层和指标层三个层次。镇级实绩考核评价离不开镇级政府职能，必须与地方政府的发展现状紧密联系。围绕镇级政府职能进行考核评价指标领域层的划分，然后根据某一行政区域如县域内的发展重点和方向界定领域层内涵，在此基础上搜寻对应的具体指标，最后确定指标权重。镇级实绩评价主要内容是经济发展、社会治理、生态环境、党的建设四个领域层。在经济发展的考核上，主要对公共财政收入等重点经济指标进行量化考核；在社会治理的考核上，主要对万人群体事件率、万人刑事犯罪率、食品安全指标、购买社工服务、社会保障等指标进行考核；在生态环境领域的考核上，主要对工业废水达标率、生活污水处理、突发环境事件、治污项目完成情况等指标进行考核；在党的建设的考核上，主要对党风廉政建设和党建工作责任制的落实等指标进行考核。

鹤山政府绩效管理的理念进一步延伸至村（居）委会，村官也要进行绩效管理。为提高村“两委”干部工作的责任感和积极性，2012年，鹤山市制订出台了《关于深化农村基层管理机制改革的若干意见》《鹤山市试行村级“两委”班子实绩考核工作实施方案》和《鹤山市村级“两委”班子实绩考核暂行办法》，对鹤山全市116个村（居）的“两委”班子实行年度实绩量化考核，考核内容包括工作实绩、民意调查、个人荣誉或违纪加减分项目三个部分，涵盖了组织建设、社会管理、“三资”管理、计划生育、廉洁奉公、依法办事、社会治安、解决群众困难等各个方面。考核采用百分制，考核结果与村干部的工作报酬挂钩。

鹤山村官“考绩效”最初出现在桃源镇。村“两委”是农村基层党组织和村民自治组织，3年一届，任期内做得怎么样，缺乏一个评价标准，等到3年通过选举再来评价，为时已晚。因此，如何对村“两委”干部进行考评，使他们能够明晰职责、理清重点、改进效能显得极为重要。在创新农村社会管理的新形势下，考核、保障、激励机制的作用是最直接和最有效的，可以引导村“两委”加强自身建设，化解农村矛盾，提供公共服务。考核奖励办法一出台，桃源镇的村官们纷纷认识到，今后做工作有了“指挥棒”，干好干坏有区别，村官增收有财政保障，村民评村官也有了标准。考核奖励办法也使村委之间形成合理的横向比较，桃源镇各村委之间逐渐形成你追我赶的良好氛围。村官这种从被动应考到主动迎考的转变，正是鹤山市实行政府绩效管理取得成效的一个缩影。

二、公共部门绩效考核评价内容体系

在公共部门绩效考核方面，鹤山制定并推行《鹤山市市直部门绩效考核评价试行办法》，把鹤山市委、市政府的重点工作和部门的职能工作纳入绩效考评，并赋予一定分值；同时，增加电子监察扣分内容，调整嘉奖加分项目和分值等。部门作为一个有机的组织体系，有其自身目标和功能，有其活动范围和边界，最基本要求是依法行政，人民群众对其评价主要看履行部门职能的效果。机关部门的绩效应该有可持续性，科学的考评指标体系在关注“显绩”的同时，应能保证其职能充分发挥所具有的发展动力。在部门指标体系的设计中，一级指标突出职能工作的权重，目的是构建以全面贯彻市委、市政府的决策和工作部署，落实单位的各项职能工作为导向，以创建“群众满意机关”为目的的行政管理体系。因此，部门绩效可以从完成职能工作和共性的日常常规工作两方面表现出来，即职能工作绩效和共性工作绩效两方面，相应地对部门绩效的考评可以设立职能工作指标和共性工作指标两个一级指标。

所谓职能工作绩效，是机关部门在其职能范围内所表现出的绩效水平，它是部门绩效指标体系的主体。另外，为了突出对一些重点工作和特殊贡献的奖励，绩效评价体系还设置了嘉奖加分指标、扣分指标和一票否决事项指标，使考评指标体系在兼顾全面和突出重点中更趋科学、合理和公平。机关平时的常规工作很多，鹤山市按照一些工作在部门绩效管理中的重要程度、对经济社会稳定和发展的影响程度、社会公众的关注程度，选取了依法行政、依法审批、公务员公共服务行为规范、服务质量、办事效率和群众满意度等内容作为共性工作考核指标，具体包括突发事件应对、办文质量和时效、严格执行请示汇报制度、处理信访和投诉工作、保密工作、依法行政工作、精神文明建设情况、党委（党组）中心组学习情况、社会治安综合治理和维护社会稳定目标管理责任制执行情况、计划生育、党风廉政建设、节约行政成本、执行财经纪律情况、干部人事工作、档案工作、党务政务公开、日常党务工作、工作人员办公纪律、办公状况、节能降耗以及对领导班子、领导干部进行民主测评等21项指标内容。

第四节

鹤山政府绩效管理对象范畴

鹤山政府绩效管理对象范畴包括镇级政府绩效管理、公共部门绩效管理、财政支出绩效管理、公务员绩效管理。

一、镇级政府和公共部门绩效管理

经过10年探索，鹤山政府绩效管理对象范围不断扩大，逐渐涵盖镇级政府、政府工作部门、党群机关，并延伸至村（居）委会，形成了横向到边、纵向到底，囊括了党、政、农村基层全方位的绩效管理体系。为将考核“人”与考核“事”有机结合，鹤山市由组织部门具体负责镇级政府绩效考核工作。依托市电子政务平台实施重点项目电子监察，以鹤山市电子监察系统和鹤山市镇级实绩考核为基础，建立“鹤山市镇级实绩考核信息管理系统”。在镇级实绩考核信息管理系统中设置“镇级分类管理”“考核指标管理”“分类指标权重维护”等模块，并结合市电子监察系统，定期采集和运用过程考核与结果考核的数据，提高考核数据的实时性和真实性。

鹤山镇级政府实绩考核评价坚持以下几个原则：

1. 导向性

——以结果为导向，尽量减少或弃用过程控制的指标。与建设服务型政府的大背景相适应，考核工作尽量不考核管理过程，而是用实际的结果和为实现目标而付出的成本来评价政府绩效，促使政府职能的转变和有效履行，规范行政行为，从而形成党委领导、政府负责、社会协同、群众参与的社会管理格局。使用KPI（关键绩效指标）考评方法，设置考核指标要敢于突破传统的考核观念，把重点放在能体现镇级政府某一工作的最终结果或成效的关键指标上。

——引导因地制宜，实现差异发展。由于受地域和历史等因素影响，鹤山市10个镇（街）的发展程度差异较大，如何在统一的考核评价办法内实施，并使结果有较强的可比性是一个值得研究的课题。为引导各镇因地制宜，实现差异发展，鹤山市镇级绩效考核评价办法实行分类考核、区别对待，对不同地区、不同职位，分别设置不同的权重，不搞一刀切，引导各镇根据自身实际，选择本地区具有比较优势的产业为主要发展方向，从而实现县域内社会经济全面协调可持续发展。

——引导镇级政府各项工作的可持续开展。指标制定过程中，充分参考近年来党在新时期的方针政策，特别是关于新农村建设的有关精神，吸收农业部门和一些专家关于新农村建设的方向性意见和参考国家出台的一些涉农政策、法律。在指标设计过程中，将中央和省市政府在新时期的新要求糅合到指标设计中来，使得指标体系充分反映上级政府的指示精神。在指标构成上，既有加快经济发展速度的部分，也有优化经济发展模式、提高发展质量的部分，又有引导镇级政府强化公共服务和社会管理职能的部分，同时将环境保护提升到与经济发展同等重要的地位，力求保证指标体系既切合当前实际，又适度超前。

——树立公民导向，凸显民意之重。在干部人事工作中，民主测评、民意调查已成为考察、考核干部的重要方式之一。政府的职责是全心全意为人民服务，这是由党的性质和宗旨决定的。近年来，各级党委、政府纷纷提出要以“人民满意不满意、人民答应不答应”作为一切工作的出发点和归宿，真正把“权为民所用、利为民所谋”落到实处。在政府绩效考核评价中引入民意，采用“官评”与“民评”相结合，有利于进一步畅通民意表达的渠道，疏导民意；有利于把组织评价和公民评价结合起来，把群众意愿更好地体现在干部评价之中。

2. **相关性**

——与当地政府的行政生态环境相关。西方国家研究的政府绩效评价，主要限于政府内部的管理活动和政府自身财政和投资管理等方面，一般不涉及我们所强调的政治层面、经济增长和廉洁状况等问题。在建立镇级政府绩效考核评价体系中，一方面需要借鉴他们的成熟经验和技术，但更需要从我国的现实情况出发，否则建立起来的指标很难得到社会的认同，在实践中也难以发挥正确评价和引导政府行为的作用；另一方面，需要摒弃具有急功近利色彩、照搬照抄式的实用主义，尊重地方政府之间的具体差异，把握本地的行政脉搏与发展方向，重视自身创新。

——指标必须与镇级政府的职能任务相关。在指标设置之前要对政府的职能任务进行分析，从而确定其核心工作。突出以政府职能考核为主，要求把履行职能职责与解决社会突出问题作为两个基本内容依据，并且把两者有机结合起来。不在其职能范围的不能列入考核范畴，否则，就会把不属于镇的职能及其履行所产生的“绩效”当成是镇的绩效来加以评价，反而忽略了应属于镇的职能及其履行所产生的绩效，导致绩效评价与职能行使之间的严重脱节。

3. 可考性

——指标数据来源客观、科学、可核实。指标数据真实性是确保考核评价不走向形式主义的重要保证。以往的一些考核指标，如“农民年收入增长”须可反映一个地区农民生活水平的情况，但指标数据一般是年初下达任务，年终总结验收，数据可核实性差，带有浓厚的行政指令色彩。有的内容在省、地市有统计，但到了县、镇一级统计比较困难，数据不易获得。因此，指标的表达必须清晰易懂，数据有可靠的来源，统计口径规范，使受干扰的可能性尽可能地降低；同时能够相互印证，便于监控。否则，考核评价会走入假数字、假政绩的歧途，最终影响考核评价的权威性。

——指标可以实现。考核内容要便于分解、考核和评价，指标要便于操作。指标内涵要易于理解，具体标准要清晰、指向明确，避免过于笼统抽象或过细过繁。指标之间不矛盾、不重复，要把最管用的东西提炼出来，抓住主要矛盾，有所舍弃，做到简便易行；要起到“考核评价一点，带动工作一片”的作用。同时，考核指标在一定范围和一定时间内要保持相对稳定，发挥长期效果，杜绝短期行为；又要根据时代发展的需要，调整、补充新的内容和要求，促进经济建设和社会事业各项工作保持发展的能力，适应经济增长方式的转变，具有一定的前瞻性和动态性。

4. 可控性

——可对照改进绩效。政府绩效考核评价是一种映射工具，同时还是一种持续改进工具。考核评价就是通过政府间的横向比较和时间上的纵向比较，实现对政府绩效诊断的过程。考核评价的目的不仅仅在于反映过去的工作成效，更重要的是通过评价发现问题、找出差距，进而更好地配置资源、改进绩效。

——能产生激励和引导作用。政府绩效管理还可以延伸为一种约束工具。通过考核评价形成工作压力，并可传递到工作人员身上。考核评价可与奖惩挂钩，成为奖优罚劣、奖勤罚懒的直接依据；也可与领导干部的任期经济责任审计结合起来，进而促进整体绩效。

鹤山市依据行政职能及面向社会的情况，将全市57个受评市直单位分为三类，实行分类管理和考核评价。建立鹤山市市直部门绩效考评信息管理系统，并结合市电子纪检监察系统，定期采集和运用过程考核与结果考核的数据，以此提高考核数据的实时性和真实性。推行考评结果电子打分。为提高评估结果的客观性和权威性，建立绩效考评结果子系统。根据电子监察系统提供的实时数据和各主评单位提供的周期数据，经市绩效考核办审核后上传系统，由系统根据指标的不同权重自行打分及排名，最大程度避免人为打分的影响。此外，通过比较和分析被评单位近三个考核年度的得分及排名情况，促使被评单位加强内部管理，提升绩效水平。

二、财政支出绩效管理

财政支出绩效管理的实质是运用科学、规范的评价指标和合理的评价标准，对财政支出行为过程及其效果进行客观、公正的衡量比较和综合评判，通过强化绩效管理在财政支出中的导向和运用，有效提高财政资金使用效益。财政支出绩效管理对财政资金使用情况进行评价与监督，其根本意义是以财政支出效果为最终目标，为预算编制提供重要依据，提高财政资金使用的经济性、效率性和有效性。通过绩效评价工作，进一步优化财政支出结构，强化财政支出管理，提高财政资金使用效益与效率，从而建立科学、规范、高效的财政资金分配和管理运行体系。因此，开展绩效管理工作，既是一项解决财政资金使用效益与效率问题的改革举措，也是一项完善公共财政管理体系的重要组成部分。近年来，鹤山市着力优化财政支出绩效管理，提高县级财政管理水平，财政支出绩效管理体系逐渐走向成熟，取得了一定成绩。2012年，财政部对全国28个省的1 986个县级市进行的2011年度财政支出管理绩效综合测评中，鹤山市获得了71.4分的较好成绩，综合排名位居江门第 ，全省第二十四，体现了鹤山市良好的财政管理机制和较高的调控管理水平，具体表现为：

一是着力保障重点支出，切实贯彻民生政策。2011年，鹤山市采取积极措施，优化财政支出结构，特别是加大对民生支出的投入，全年累计支出约85 583万元，比2010年增支11 133万元，增幅达14.95%。具体支出明细为：第一，扎实做好社会保险和救助工作。鹤山市社会保险基金支出达到10 000万元，比上年增支1 800万元，鹤山市新农保投入3 600万元，按时完成新农保覆盖率超60%的任务指标，为2012年实现新农保全覆盖的目标打下坚实基础；落实保障性安居工程建设资金4 850万元，开工建设保障性住房1 007套，超额完成当年996套保障性住房的目标任务。第二，全面铺开医疗卫生保障体系建设。一方面，为解决居民“看病难”问题，市、镇两级财政共安排4 770万元用于完善城乡基层医疗卫生服务体系，改造社区卫生服务中心202间，全面提高社区医院医疗设备水平，扩大医疗便民的辐射面，使乡镇地区群众能够及时就医，保障了人民群众的生命安全；另一方面，为解决居民“看病贵”问题，鹤山市医疗保障支出4 400万元，严格执行国务院确定的新型农村合作医疗和城镇居民医保补助标准政策，减轻了城乡居民尤其是中低层收入者缴付较高医药费的重担，成为鹤山市在医疗保障方面的一大惠民举措。第三，积极推进基本教育公共服务均等化。全市共投入3 225万元进行城乡中小学校舍改造和教学设施设备购置，比2010年增支1 500万元，极大地改善农村地区教育设施质量落后和学生住宿条件差等问题。同时，为提高教师职工待遇，加强教师下乡交流教学的积极性，投入12 200万元实施义务教育绩效工资政策，缩小了城乡教师待遇差别，激励教师职工改进教学模式，改善教学质量，为各镇（街）申报教育强镇提供坚实的资源基础。

二是理清财政供养人员情况，严格控制一般性支出。具体措施有以下几个方面：第一，做好财政供养人员情况统计工作。主动联系相关职能部门，实时掌握供养人员情况变动，及时清理重复人员，调整离退休人员和新进人员有关数据，为来年财政供养资金调度和人员管理打下坚实的数据基础，减少资金浪费。每年年初，市财政对全市300多个行政事业单位（含乡镇单位）进行人员供养情况统计，指导各单位按照实际情况填报编制使用情况、财政供养实际人数、供养人员主要信息及工资福利收入情况等。市财政负责做好审核工作，确保与市编办、江门市编办数据完全一致。第二，从源头上压缩一般性支出。在编制年度部门预算时，严格控制各预算单位的公用经费指标，做到“三公”经费逐年缩减。做好各单位各部门的“三公”经费支出统计，适时向社会公开“三公”经费使用情况，接受全社会各方面的监督。定期进行全市“三公”经费使用情况调研，及时查明变动因素，撰写调研报告，与相关部门商讨改革创新管理措施。在本次测评中，鹤山市在财政人员供养方面排名比重点支出和财政管理水平两项有较为明显的优势，获得18.7分的较高分数，在江门排第二，在全省范围内，该项得分与第一名仅有0.3分的微弱差距。

三是积极推进各项改革措施，着力提高财政管理水平。首先，逐步规范财政支出功能科目分类。在执行财政部编制的收支科目分类的基础上，按本地区实际需要及时调整志诚预算执行系统的科目设置，增加必要的子科目，使资金科目精细化，以准确反映本地区各项支出情况。定期对财政人员进行系统培训，规范资金使用分类，从操作上保证资金收支真实反映本地情况。其次，及时清理暂存暂付款。加强对结余结转资金的管理，督促各单位做好年末资金结转工作，将不可结转资金及时清零；逐步完善电子账务系统，减少人为错漏，确保财政资金的安全运营和使用效益。再次，强化政府债务风险防范。结合鹤山市地方财力，合理控制政府债务规模，确保地方政府性债务规模与鹤山市经济发展水平和财政承受能力相适应。最后，积极进行测评管理。市财政每年定期对部分镇（街）进行财政管理工作抽检调研，并于年中、年末召开全市乡财会议，总结各镇（街）财政工作情况，评选优秀镇（街），指导并激励各镇（街）财政所优化财政管理模式，规范资金监管流程，提高财政管理水平。

近年来，鹤山在全面提高财政调控管理水平的基础上，把全面推进绩效评价作为转变政府职能、深化财政改革、促进科学化精细化管理的重要抓手，按照“先简后繁、先易后难、由点到面”的工作原则，从项目评价入手，探索运用科学合理的绩效评价指标、评价标准和评价方法，对财政支出的经济性、效率性和效益性进行客观公正的评价，努力为财政预算绩效管理常态化和制度化打牢初始基础。

鹤山市财政绩效评价工作的现状主要表现在：市财政成立绩效评价股，对上级专项转移支付资金和市国有、集体、金融保险企业实施重点评价，了解和掌握全市各种经济类型的财务收支运营情况。一是每年对全市金融企业开展定期绩效评价工作。严格按照综合性、客观性和发展性的评价原则，运用包括盈利能力、经营增长、资产质量和偿付能力指标，对市农村信用合作社财务经营状况进行多角度分析和综合测评。充分考虑市场竞争环境，依据统一测算的同一期间的国内行业标准值，客观评判出企业的增长状况和发展水平。二是聘请了广东外语外贸大学的财经专家，对部分专项资金实施绩效评价。制定符合我市实际的指标绩效标准和权重系数，对就业资金的筹集、使用和管理的绩效进行综合量化评价，评价体系包括四项一级指标和十二项二级指标。评价中运用标杆评价法确定初始绩效标准和对绩效表现进行赋值，并通过账目审核、数据分析、实地察看、群众评议等环节进行汇总计算综合得分。三是按照定量与定性分析相结合的原则，运用预定目标和实施效果比较法，分别对2011年度的农村饮用水安全专项资金和生态公益林效益补偿资金进行绩效评价。评价中组织监理、质监等相关单位到项目现场实地勘验、检查，核实资金到位率和使用率、支出实现的综合效益以及项目建设管理情况。经检查，两项目分别落实资金292.4万元和397.39万元，到位率100%，自评绩效均达到优级，预期目标基本实现。

鹤山在财政支出绩效管理方面的做法主要体现在以下方面：

第一，细化预算编制，完善预算编制手段，从源头上加强财政支出管理。一是“三公”经费预算编制细化到“项”。针对以往部门重视程度不足、经费管理不规范和监督制度不完善等原因，从2014年起，市直部门预算将增加“三公”经费预算编制，按全口径反映各部门当年“三公”经费使用情况。二是项支出预算编制细化到“类”。针对部分单位利用专项支出开支会议费、接待费和差旅费等公用经费的现象，市财政要求各单位在编制2014年部门预算时，必须明确区分用于民生、重大工程等一般专项和作为单位补充经费的其他专项。三是政府采购预算编制细化到“目”。为推进政府采购制度改革，规范政府采购行为，市财政要求各部门独立编制2014年政府采购预算，如实填写政府采购预算表，采购项目名称、规格型号、数量、金额、采购方式、资金来源等信息缺一不可，市财政拟推出政府采购目录等规范性文件，并通过行事资产管理统计对各部门办公设备进行监督，防止利用政府采购之名进行奢侈设备购置或出现重复采购现象，浪费或侵占政府财政资金。[1]

第二，完善绩效评价体系，提高绩效评价质量。制定符合鹤山实际的指标绩效标准和权重系数，对就业资金的筹集、使用和管理的绩效进行综合量化评价，评价体系包括四项一级指标和十二项二级指标。评价中运用标杆评价法确定初始绩效标准和对绩效表现进行赋值，并通过账目审核、数据分析、实地察看、群众评议等环节进行汇总计算综合得分。

第三，建设财政支出绩效管理的信息化平台，实施重点项目电子监察。运用电子监察的手段，把全市财政性投资重点工程项目纳入市重点项目电子监察系统，对立项审批、勘察设计、招投标和资金管理等环节进行时限纠

[1] http://www.hsfb.gov.cn/zwxx/797.html.

错、费用纠错、过程纠错和异常纠错。针对各类纠错情况，系统会自动发出预警和黄（红）牌警告，防止出现各类违法违规行为。同时把财政性投资重点工程项目的电子监察结果纳入政府绩效考核内容，以提升重点工程项目的考核过程化、管理数字化、数据动态化，增强绩效管理的科学化水平。

第四，加强全程绩效管理，建立联动机制。凝聚监督合力，构建“上下联动、内外联合”的财政监督工作联动机制。一是向下拓展，与镇（街）财政部门联动检查。充分发挥部门的职能作用，将其部门的统筹协调性和职责相挂钩，密切配合，确保工作的有效进行。二是整合资源，形成部门协作参与的大监督格局。建立财监部门和业务股室整体联动的工作推进机制，通过联合制定检查方案，进行定案处理，发挥各自优势，提高检查成效。

第五，强化评价结果应用，提升财政支出管理水平。鹤山政府在财政支出过程中将评价结果及时反馈给项目具体实施单位，结果为优的，根据需要继续安排项目或增加预算；结果为良的，预算单位须做书面说明，财政部门根据具体情况在一定范围内予以通报，限期整改；结果为差的，调整项目或相应减少预算，其中绩效达不到预期目标的，报请市政府调整或撤销该专项资金。

三、公务员绩效管理

为加强对镇领导班子党政正职的监督，鹤山市在《镇级领导班子实绩考核试行办法》的基础上，制定了《鹤山市镇级党政领导干部风险基金管理实施细则（试行）》，作为对《试行办法》的完善和补充，把干部监督工作与政绩考核工作紧密结合起来。镇级实绩考核把实绩考核的结果与镇干部的绩效奖励挂钩，市考评办根据各镇党政正职绩效奖励的10%为其预存风险基金，由市财政局代管理。镇党政正职离任时，由市纪委、组织部、财政局、审计局和原所在单位共同做好任期责任确认工作，离任人须填写“鹤山市镇级党政正职离任经济责任事项交接书”一式七份并递交承诺书一份，对移交的经济责任事项及有关资料的真实性、完整性、合法性承担相关责任。市考评办根据镇党政“一把手”及其所在党组织违反纪律的处理结果，汇总市审计部门的审计和相关镇的接任人对离任人确认等有关意见材料后，提交市镇级领导班子实绩考核工作领导小组审议，决定发还风险基金的比例。经确认未能圆满完成或部分指标不实的，酌情扣减离任人的风险基金，直至扣完。完善党政领导干部风险基金管理，加强对镇党政“一把手”监督，具有重要意义。首先，有利于促进领导班子树立正确的政绩观和科学发展观。镇党政“一把手”风险基金，该留多少，发还多少，都是以政绩为依据，接任人和离任审计报告对离任人履行岗位职责情况和经济责任有重要的话语权，从而促使领导班子转变工作作风，破除急于求成的思想，立足长远，确保当地经济社会的又好又快可持续发展。其次，有利于增强镇领导班子的责任意识和自律意识。由于干部监督工作的制度建设起步较晚，干部监督工作的刚性机制还没有完全形成，因此设立风险基金管理制度，丰富了干部监督的形式和内容，形成纪律约束和经济制约相结合的双重监督机制，进一步丰富了干部监督工作的内涵，达到加强干部队伍作风建设，促进班子的党风廉政建设的目的。再次，有利于强化领导干部的任期经济责任意识。风险基金的发放须经过离任审计，提高离任经济责任审计结果的运用水平，把审计结果运用的效能进一步延伸，促使领导干部在使用权力过程中规范自己的行为，对强化公开、透明、全面的监督机制，建设问责政府、法治政府具有重要意义。

公务员绩效管理是政府绩效管理的一个重要方面，提高公务员绩效是提高政府绩效的重要途径之一。建立以绩效考核为目的的公务员管理新模式是摆在各级政府推行政府绩效管理过程中面临的新课题，也是加强干部队伍管理，提高工作效率的一种有效途径。鹤山为提高公务员绩效管理水平，规范公务员公共服务行为，将其办事态度、工作效率等列为绩效评价的重要内容，既反映了各部门的工作成效，又加强了干部年度考核。同时，加强制度建设，硬化制度约束，制订了《鹤山市国家公务员公共行为规范试行办法》，明确提出公务员在公共服务中“六个应当”“八个严禁”，牢固树立全心全意为人民服务的宗旨。另外，又制订了鹤山市机关工作人员基本行为规范、鹤山市文明服务用语规范、首问首办责任制、限时办结制、一次性告知制、服务承诺制和岗位责任制等七项制度作为配套措施，将其办事态度、工作效率等列为绩效评价的重要内容之一，着力推进党政机关效能建设，加强公务员队伍管理。对敷衍塞责、推诿扯皮造成重点工作未能有效推进的，对责任目标落实不力造成工作滞后影响大局的，坚决追究领导班子和当事人的责任。严格落实国家公务员行为规范投诉查处机制，严肃惩戒“懒怠”和“不作为”的公务员。畅通公务员“出口”，对被服务对象投诉并经查属实的公务人员，视情节轻重，进行相应处罚，直至责令辞职或辞退。

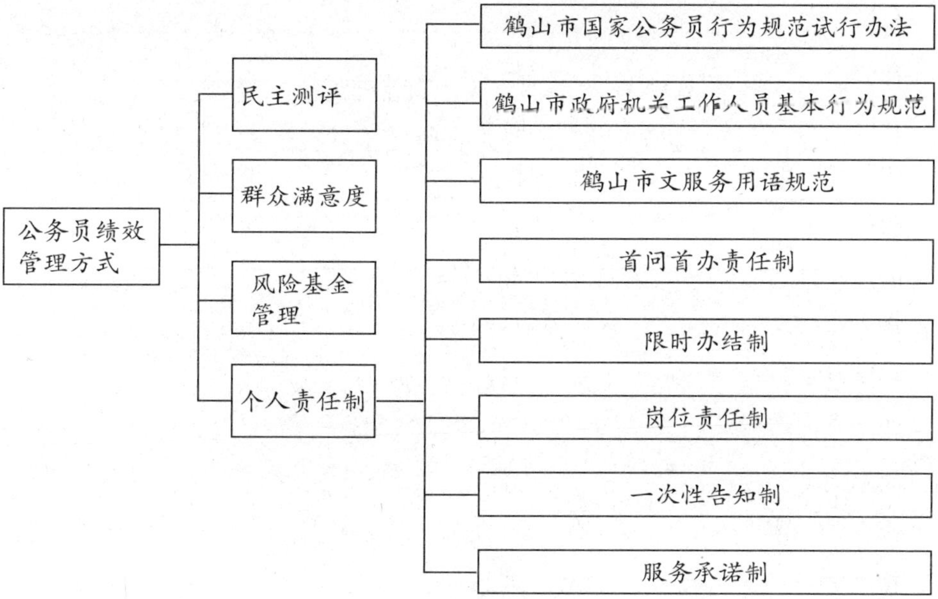

图3-5　公务员绩效管理方式

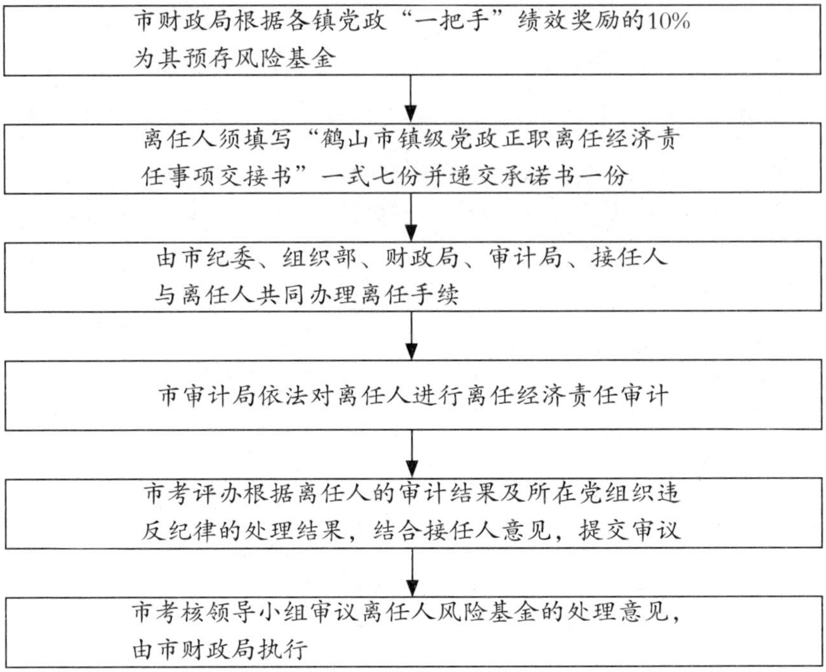

图3-6　镇党政正职风险基金离任扣减流程图

第四章

鹤山政府绩效管理组织

政府绩效管理的组织包括管理主体、流程和制度以及公众参与。管理主体涵盖政府的上级、同级、下级，人大与政协等部门以及公民。管理流程包括制订实施计划—确定评价组织—构建评价指标体系—选择评价方法—收集、处理评价信息—撰写评价报告—评价结果的应用七个阶段。为规范政府绩效管理过程，鹤山市制定了一系列的管理制度。为提高政府绩效评价的公信力，鹤山市除了开展群众满意度调查外，还对干部进行民主测评。

第一节

鹤山政府绩效管理主体

进行政府绩效评价，必须首先确定评价的主体，并完善评价的主体结构。通过协调各评价主体的功能和作用，使它们相互配合、相互制约，以保证评价结果的客观公正。评价主体是指从事评价的组织或个人。在政府绩效评价系统中，评价主体是主导因素，处于中心地位，发挥着核心作用。不同的评价主体与考评的利益相关度、考评时的理性程度、对自己的角色定位不同，审视的角度不同，政府绩效评价会出现差异较大的结果。因此，评价主体的评价理念、评价态度、评价经验、职业伦理、能力水平等都会对整个政府绩效评价活动产生举足轻重的作用，直接影响着政府绩效评价的最终效果。

一、政府绩效评价的主体结构

处于转轨时期的中国，群众对政府工作提出了更高的要求，实现评价主体的多元化是必然趋势。由于评价主体的不同特质对评价结果会有一定的影响，因此，对政府绩效评价进行类型的划分，进而辨识各类评价主体的特征和价值取向，具有重要意义。依据不同的标准或者从不同的角度可以对评价主体进行各种各样的分类。本书仅根据评价者与政府的关系，把评价主体分为政府、公民、第三方评价组织和企业四个类型。

1. 政府

政府作为评价主体，是“政府本位”价值取向的体现，即政治权力的统治性和管理性作用的体现，凸现出的是政府的权威性和主导地位，它以政府自身的发展为主，强调政府部门内部系统的完善，体现统治阶级的意志。评价的基本形式是上级机关及其领导对下级部门及人员的考核。以政府为主体的评价的优势表现为考核资料、数据容易获取，考核过程容易组织和控制，同时“政府本位”的价值取向有利于强调政府的政治功能作用的发挥及政府政治权力的统一性。在中国这个国土面积辽阔、人口众多、经济发展水平不高的社会主义国家，要保证社会和谐发展，政治权力的统一是必不可少的因素。且评价结果凭借政府内部的行政权力能够直接有效地得到运用，有利于政府统一配置社会公共资源和保持社会均衡发展，便于提高下一轮的工作绩效。但另一方面，政府在考核时往往带有主观性偏差，容易“报喜不报忧”，加上评价范围的有限性和评价标准体系的片面性，导致考核质量不高。

2. 公民

公民是政府所进行的公共管理的最终接受者，又是纳税人，他们最能感受到政府的服务质量对自己的影响，对政府绩效评价最有发言权，能够公正评价政府绩效，有利于政府责任的落实和政府形象的改善。公民作为评价主体，是以“民众本位”“主权在民”为价值取向的体现，是由公民与政府的关系决定的。“委托—代理”关系随着生产力的发展和社会化大生产的生产方式的出现，民众的联合与协作得到了增强，民众自我意识和纳税人意识的觉醒，民众与政府之间的“委托—代理”关系得到广泛认可。我国宪法规定，人民是国家的主人，国家的一切权利来自于人民。作为“代理人”，政府的权力归根到底来源于“委托人”——民众。因此，民众对行政机关进行绩效评价是天经地义的。人民政府是服务于人民的政府，其工作目的是合法、合理、有效地行使行政权力，维护社会公众的根本利益。理论上讲必须把为人民服务作为行使权力的首要目的，但政府也有自身的利益诉求，难免会出现越轨现象，背离人民的利益，所以人民不仅有权利更有责任对政府的行为进行监督，对政府的绩效进行考核。此外，“民众本位”、公民参政议政是社会发展的进步表现，是政治民主化、法治化的体现。所以，在政府绩效评价中应当让人民群众充分参与政府绩效评价，改变过去政府单纯的自上而下、封闭式的评价模式，引入“使用者介入”机制，形成多层次的政府绩效评价主体结构。尽管公民作为外部评价主体能够以其特有的“顾客”价值取向较客观公正地评价政府行为及其结果，但是也要注意到公众有时会受到自我“偏见”的影响，有可能对政府的公共管理做出不太理性的判断，因此需要正确引导。

3. 第三方评价组织

政府绩效评价是一个具备复杂性和多样性特点的专业性工作，评价过程和结果的科学性、客观性关系到评价目标的实现程度，这就决定了评价主体必须具备较高的专业基础。因此，学术研究组织作为第三方独立机构，依靠其自身人才、理论和技术方面的优势，以其严谨的学术态度、扎实的专业知识和客观的“局外人”身份，完全应该成为政府绩效评价的一个主体，并弥补其他评价主体的缺陷，可以更加客观公正地、独立自主地评价政府的绩效。所谓第三方评价是指由与政府无隶属关系和利益关系的第三部门和民间组织（如学术研究组织）所组织实施的评价政府及其部门绩效的活动。目前，我国第三方组织承担的政府绩效评价项目越来越多。学术研究组织评价政府绩效以“顾客导向”为原则，对于确保评价结果的科学公正，最终促进政府及其部门更新行政理念、转变政府职能有重要的现实价值。一方面，第三方评价组织可以有效地向政府表达公众的意愿，促使政府接受科学的管理理念，转变政府职能，切实提高绩效质量，使其管理活动以社会公众的需求为依归。另一方面，第三方组织评价使政府绩效评价由内部走向外部，从操作层面体现了公民的意识，为公民参政议政找到了一个切入点，有利于促进公民与政府的互动，增强政府政治民主性。但同时也要注意到第三方评价的不足：评价结果难以得到充分利用、学术机构所需的数据和信息难以获取、学术机构自身素质的局限及评价的科学性和客观性还有待提高等。为更好地发挥第三方组织评价政府绩效的作用，除了政府对第三方进行科学的资质认定，保持其独立性，增强其责任意识，提高其工作能力，促进其顺利发展；第三方评价组织自身也要增强自律意识：搞好自我管理、自我控制、自我规范活动。

4. 企业

在我国由计划经济向市场经济转型的时代背景下，为了转变政府职能，强化政府经济服务功能，尤其是政府对市场经济主体——企业的服务，企业必然成为政府绩效评价的主体。“企业本位”的价值取向反映的是企业对政府提供经济服务的要求，以企业的需要引导政府经济工作趋向更加合理、更加符合市场经济规律。对于将经济发展作为重要目标之一的地方政府，企业担当评价主体，能够真实地反映民众的部分价值取向，尤其是对政府经济服务职能的发挥有更真切的感受，其满意度完全可以作为政府绩效的依据，有着自身的优势：一是企业虽然不等同于民众，毕竟也是由部分民众组成的，提供的外部评价能够反映部分民众对政府绩效的评价，体现了民主的潮流。二是企业在市场竞争中，最直接受到政府的“监督者”和“服务者”角色影响，更能促进政府绩效的改善。但企业作为评价主体也有不足：企业不能等同民众，更多关注政府的经济职能，对社会公众关心的政府其他职能关注不够，有一定的狭隘性。

二、鹤山政府绩效管理主体

鹤山政府绩效管理主体分为鹤山镇级政府整体绩效评价主体和公共部门绩效评价主体。

1. 鹤山镇级政府整体绩效的评价主体

政府绩效考核评价主体作为直接或间接参与政府绩效考核评价过程的组织、团体或个人，它是保证政府绩效考核评价结果真实性的基本条件。考核评价主体可以是由一个组织、团体或个人，也可以是由多个组织、团体或个人联合组成复合型主体。在较长时期内，对政府绩效由谁负责考核的问题，党委、政府部门和学术机构都存在不同的看法。有的认为，我国的国家结构形式是单一制国家，党委决定一个地方发展的大政方针，政府主要是贯彻落实党委的决定[1]，因此可由党委部门负责考核；有的认为，人民代表大会是各级人民政府的最高权力机构，政府是权力机关的执行机关，政府有义务向同

[1] 十二大将党的领导定位为：是思想、政治与方针政策的指导，是对干部的选拔、分配、考核与监督。

级人民代表大会报告履职情况，因此同级人大常委会可作为考核主体；也有人认为，可邀请第三方对政府绩效进行评价，以体现评价的公正性。2006年7月，中共中央组织部印发了《体现科学发展要求的地方党政领导班子和领导干部综合考核评价试行办法》。2008年8月，广东省委印发了《广东省市厅级党政领导班子和领导干部落实科学发展观评价指标体系及考核评价办法（试行）》（以下简称《办法》）。《办法》规定，考核评价工作“在各级党委领导下，由组织部门组织实施”。体制内的考核评价，组织人事部门应是对下一级政府绩效考核评价的责任主体，回顾鹤山10年的实践，市纪律监察局统筹绩效管理全过程，强化了效能监察。组织人事部门具体负责绩效评价，办公室、政法委、社工委以及发改、财政、审计、统计、环保、国土、社会保障等部门各司其职，各负其责，重视结果运用，不断完善考核评价的主体。

2. 鹤山公共部门绩效的评价主体

部门考评主体就是对公共部门的绩效进行考核评议的个人或组织。为了能从多角度获得有价值的信息，鹤山市采用了360度管理模型的理念，坚持考评方式与考评对象、考评目的和考评内容相匹配的原则，选取基层和群众、领导、综合检查小组等个人和组织作为考评主体，实现了党组织、政府、人大、政协、专业评估组织、社会组织和公众等多元考评主体的结合，保证每个受评单位都得到其服务对象的充分评价，从而在有限的时间和成本范围内确保绩效考评的公正性和科学性。鹤山市公共部门绩效的考评主体具体包括如下：

（1）基层单位和人民群众

考评主体的多元化是保证部门绩效考评公正性和科学性的一个基本原则。其中，将接受政府服务的群众作为多元考评主体之一，可以最直观地体现考评的满意特征，明确考评的价值取向，但群众参与绩效考评也有难以克服的局限性，如缺乏专门的考评技术，不太了解政府的运作机制，信息获得的渠道有限等。针对以上局限性，这里的“基层和群众”是经过筛选的特定范围的政府服务对象，不是宽泛的普通群众或组织。它包括服务窗口现场办事的群众，镇基层对口职能部门全体工作人员和主管领导、市党代表、人大代表和政协委员，社区党员和群众代表、广大网民以及受评单位的全体干部职工等考评主体。

第一，服务窗口现场办事的群众。

在公共部门绩效考评中，只有各个部门直接的服务对象才真正有发言权，只有服务对象确定接触过公共部门才能对其表现做出评价，因为在整个考评中需要获得的不是大多数群众的“印象”，而是服务对象切身体验到和感受到的表现。现在一些地方政府获得的群众评议结果之所以容易引起部门的不认可，原因就在于他们所抽取的人群可能不是与公共部门直接打交道的人群，而是宽泛的群众，有的对受评单位甚至连认知都谈不上，其对部门绩效就难以评价，这样得出的结果就是印象而非绩效评价。针对群众考评存在以上的问题，鹤山通过聘请社区工作人员作为社会监督员不定期到窗口部门向其服务对象发放调查问卷，由刚办完事的群众进行现场考评。

第二，镇基层对口职能部门全体工作人员和主管领导。

市直各部门的大多数工作都会通过镇级基层职能部门落实到群众中，而且市直机关重要职责之一是为基层服务。基层职能部门对市直机关的工作成效有很大的发言权。因此由镇级对口部门的分管领导和部门工作人员分别填写绩效调查问卷，对其上级业务对口部门进行考评。

第三，市党代表、人大代表和政协委员。

选择党代表、人大代表和政协委员为考评主体，原因有三个：第一，他们的职责是监督党委、政府的工作以及参政议政，是行使地方国家权力机关赋予的权利，他们评议部门是依法履行职权的重要形式，使评议具有法律依据，更具权威性；第二，党代表、人大代表和政协委员是社会各界的精英，作为一个素质较高的政治群体，在地方的社会政治活动中具有特殊地位，他们胸怀全局，站位高，经常参与党委、政府组织的各项活动，应该说没有哪一个群众团体比他们更了解各个部门的工作实际，他们具有信息对称的优势；第三，党代表、人大代表和政协委员是各个地方依照地域和人数严格产生的，代表网络覆盖了全市各个角落，人员涉及社会各个层面，具有相当的广泛性，基本能够代表全市人民，他们的评议实质上反映全市人民对评议部门的看法和意见。鹤山市除去市直各部门内部的以及市直派到地方参选的代表和委员外，其余均由考评办随机抽样确定人选后对受评单位进行考评。

第四，普通群众。

普通群众包括社区党员和群众代表、广大网民两大类。一是社区党员和群众代表。针对普通居民不如社区代表和群众代表更了解、更关心党委政府工作的实际情况，鹤山市组织部分社区党员代表和群众代表对受评单位进行评议。二是广大网民。网上评议是一种政府和群众沟通的互动式桥梁和纽带，它以方便快捷、成本低廉等优势而得到快速发展和普及。并且，由群众进行网上评议具有信息交换的平等性和管理实现的高效性等特点，一改过去政府总是占据强势地位的格局，拉近了群众和政府之间的距离。另外，网上评议能防止下情上达途中层层扯皮的现象，提高办事效率。当然，因虚拟的网上世界和目前的网络覆盖率、技术手段等因素，网上评议方式还存在诸多不足。但网络早已融入到人们的生活及社会文化中了，网民多为政府“拍砖”是好事情，网上评议同样具有很多优点，同时也是新公共管理运动的潮流。

第五，受评单位的全体干部职工。

受评单位的干部职工同领导班子接触多，对他们的德才表现、工作意图、工作思路、工作措施、工作过程等情况都比较熟悉，有发言权。鹤山市在年终组织受评单位的干部职工对本单位领导班子进行民主测评，构成了下级评价上级的制度补缺。

（2）各级领导

领导在设计和发展绩效考评中起着至关重要的作用，各级领导的意见一致和积极参与是成功的绩效考评必不可少的条件。领导的支持可以有效推动绩效评价的实施，减少阻力和障碍。而且，由于信息的不对称性，多数单位中层以下及普通的群众往往对各部门的工作特点缺乏深刻的认识，领导能较为全面准确地对机关部门绩效做出评价，因此领导考评是机关部门绩效评价的重要组成部分。这里的“领导”是特指那些能够使用群众评议的结果，并具有利用评议结果对被评议部门或单位进行奖励或惩罚权力的公共部门领导，包括上级业务部门领导（指地市以上）、鹤山市四套领导班子成员、市直职能部门和镇（街）的主要领导等。

第一，上级业务部门领导。

这是指地市以上的业务主管部门领导。在我国现阶段，上下级党委、政府部门之间的关系是行政隶属关系，上级党委、政府部门的行政指令构成了下级部门行政行为的主要内容，在“层层管辖”的结构体制下，基层公共部门的独立决策很少，它的工作基本上只是落实上级部门下派的具体任务。鹤山市设立上级业务部门领导作为考评主体，有助于保证上级部门整体规划或特定计划目标的实现和党委、政府整体效率的提高。另外，上级对口部门对下级机关的具体业务了解较深，特别是掌握了大量的关键性业务指标数据。因此，鹤山市开展上级对口业务部门对受评单位进行评议，上级业务部门召开领导班子会议进行集体考评，并盖上公章确认，保证了考评结果的严肃性和客观性。

第二，鹤山市四套领导班子成员。

包括市委、市人大、市政府、市政协的领导班子成员，是全市的领导核心，掌握比较多的信息，对各部门履行职能情况了解较为全面准确，特别是对分管部门在创新工作思路、树立大局意识、解决突出问题、勤政廉政、完成年度目标任务等情况准确掌握。因此，鹤山市通过向市四套领导班子成员发放绩效调查问卷，对受评单位进行考评。

第三，市直各部门和镇（街）的主要领导。

党委、政府一些重大的、全局性的工作，往往是通过跨部门协作完成的，市直各部门和镇（街）的主要领导对其他部门履行职能工作、解决实际问题、树立全局观念等情况有直接的感知。因此，鹤山市采取向他们发放绩效调查问卷的方式，对受评单位进行评价。

（3）综合检查小组

要了解真实情况，需要多方资料和数据的印证；要准确评价各部门绩效，需要多方面、多渠道进行考核。为了在市直各部门中开展自我检查、强化约束，鹤山市组织综合检查小组对受评单位进行内部综合检查。综合检查小组包括年终综合检查小组和平时明察暗访检查小组两部分。

第一，年终综合检查小组。

市直机关部门除了完成主要职能工作外，还需要完成日常的常规性工作。衡量这些工作，党委、政府业务主管部门能准确掌握情况，从而有效消除绩效信息的不对称状态。鹤山市将市直机关的党风廉政建设责任制、综合治理、精神文明建设、收费、信访、保密、安全生产等检查项目全部合并到机关绩效评价中，由其业务相关部门作为考评主体。检查小组从相关综合部门中选调业务强、素质高的部门领导分别担任组长、副组长，检查小组成员由相关职能科室的业务骨干组成，检查前集中组织培训，统一思想，熟悉掌握考核标准和程序、方法，确保考核的严肃性和权威性。

第二，明察暗访检查小组。

由市纪委监察局、组织部和直属工委组成检查组或聘请社会监督员每季度不定期地到受评单位进行明察暗访，每个单位每年至少受检一次。通过明察暗访的方式，对党政机关的日常管理、现场服务进行突击检查，对受评单位的日常工作形成压力，促使其自觉提升管理能力和服务水平。

第二节

鹤山政府绩效管理流程

地方政府绩效评价是一个由多阶段、多环节组成的连续性的有计划、按步骤进行的动态过程。严格遵循科学的评价程序能有效保证评价实施的进度，减少评价者的主观随意性和评价偏差，增加评价结果的质量和信度。因此，评价者应高度重视政府绩效评价的程序性价值。美国公共生产力研究中心1997年发布的《地方政府绩效评价简要指南》提出了进行地方政府绩效评价的七大步骤：第一，鉴别要评价的项目；第二，陈述目的并界定所期待的结果；第三，选择衡量的标准或指标；第四，设置业绩和结果的标准；第五，监督结果；第六，公布业绩报告；第七，使用结果和业绩信息。国内多数学者一般将评价程序分为评价准备、实施评价和撰写评价报告三个阶段。尽管由于评价模式的差异而导致这一过程的具体操作在实践中有所不同，但任何规范化、科学化的政府绩效评价活动在基本程序上是大致相同的。本书认为基层地方政府绩效评价一般都要经历这样七个相互关联又相互区别的阶段：制订实施计划—确定评价组织—构建评价指标体系—选择评价方法—收集、处理评价信息—撰写评价报告—评价结果的应用。

一、制订实施计划

地方政府绩效评价是一项复杂的系统工程，实施计划主要取决于所评价对象的特征及环境。因此，为确保评价顺利进行，必须在了解评价对象——地方政府基本情况（如职能、目标、主要活动及主要资源等）的基础上，制订详细的实施计划。实施计划是指导全部评价工作的蓝图，计划是否科学合理，集中体现了评价者的水平、能力与经验，反映了评价者的技术路线与实施风格，也直接决定了评价的最终质量。所以，制订实施计划，是整个评价过程的重要环节，包括如下内容：一是，明确评价的目的和意义，即确定为什么要进行绩效评价；二是，确定评价主体，即由谁去评价；三是，明确评价的对象与内容，即评价什么；四是，选择合适的评价方法，即如何进行评价。为确保政府绩效管理的顺利实施，鹤山市政府绩效管理试点工作领导小组办公室在认真研究和广泛征求意见的基础上，制订全市的年度绩效管理工作方案和实施意见。

二、确定评价组织

地方政府绩效评价具有很大利益相关性，涉及多种主体。为确保客观、公正地开展评价工作，树立评价的权威性和严肃性，需要建立一个评价组织机构。当前我国地方政府绩效评价主体如上所述，有政府、公民、企业、第三方评价组织。不同类型评价主体有不同的优势和局限，选择什么样的评价主体在很大程度上决定于评价对象、评价目的和评价内容。在选择评价组织时，评价组织与评价目的、评价内容相匹配是非常重要的原则。

在鹤山镇级政府绩效考评中，为确保评价的科学性，评价应以镇级政府职能为依据，引导镇政府切实履行促进经济发展、改善人民生活、保护生态环境、提供公共服务等职能。在绩效考核评价当中，为统筹好考核评价“人”和“事”，各级组织部门是对下一级政府绩效考核评价的责任部门，因而确立由组织部门牵头考核的领导小组为评价主体。在评价组织客体上，将镇级党委、政府以及人大、武装等公共权力组织作为一个整体考虑，因为乡镇是一个以党委为核心形成的党政一体化运作的权力结构，乡镇重大的决策事项一般是由党政班子联席会议讨论和决定的。新中国成立以来，虽然党政分开的力度在逐步加大，党政关系中的分权色彩在不断增强，但是党与政府的关系仍然主要是一种集权式关系。由此可见，以目前的行政运行体制，不可能把镇级党委、政府的工作结果分离出来分别统计和测量。在政府部门绩效管理中，在开展绩效考评的各个地方政府中，组织机构有的是来自政府内部，如组织部、机关工委、纪委等，有的是政府聘请的第三方，即中介组织。大多数评估专家都赞同考评由组织中负责该项目的最高层领导直接主持或委托相关单位，为了制衡起见，由外部机构或是第三方来进行评估也是可取的[1]。在现时的体制下，领导重视是绩效考评得以顺利开展的关键。开展绩效考评是确定一个地区工作导向，决定主要领导人施政方式的大事，关系到党委、政府职能的履行，影响到公共资源的配置，牵动一个地区经济社会发展的全局。同时其涉及面广，政策性强，直接触及党政各部门及主要领导人的权力和利益。因此，要将这项工作持久地开展下去，必须将其摆在行政管理的中心位置，主要领导亲自抓，成为名副其实的“一把手工程”。为确保考评工作的顺利进行，鹤山市成立了市直部门绩效考核评价领导小组，负责市直部门绩效考核评价的组织、协调和督促落实工作。

三、构建评价指标体系

地方政府绩效评价的指标构建是一个科学、严谨的工作。绩效评价的结果是否具有说服力，直接取决于评价指标体系是否科学。要使评价结果可信，就必须以政府职能为依据，按照系统性、有效性、可操作性、可比性和独立性的原则，精心遴选评价指标。指标体系包括准则层、具体指标、权重等内容。在评价指标遴选时应把握好以下关系：外部指标和内部指标、数量指标和质量指标、正向指标和逆向指标、客观指标和主观指标、支出指标与收入指标、技术性指标和民主性指标、工作指标和业绩指标、行政成本指标和业务成本指标、个体指标和团体指标的关系。再确定准则层和具体指标的权重，采用相关分析法对评价指标进行相关性和隶属度分析，同时进行效度和信度的检验。

[1] 尼古拉斯·亨利，公共行政与公共事务[M]. 张昕等译. 北京：中国人民大学出版社，2002：320.

鹤山镇级绩效考核指标制定过程中，充分参考近年来党在新时期的方针政策，特别是关于新农村建设的有关精神，吸收农业部门和一些专家关于新农村建设的方向性意见和国家出台的一些涉农政策、法律。在指标设计过程中，将中央和省市政府在新时期的新要求糅合到指标设计中来，使得指标体系充分反映上级政府的指示精神。在指标构成上，既有加快经济发展速度的部分，也有优化经济发展模式、提高发展质量的部分，又有引导镇级政府强化公共服务和社会管理职能的部分，同时又将环境保护提升到与经济发展同等重要的地位。总之，应力求保证指标体系既切合当前实际，又适度超前。按照指标构建原则，至少应包括目标层、领域层和指标层三个层次。镇级政府绩效考核评价离不开镇级政府职能，与地方政府的发展现状紧密联系。围绕镇级政府职能进行考核评价指标领域层的划分，然后根据某一行政区域如县域内的发展重点和方向界定领域层内涵。在此基础上搜寻对应的具体指标，最后确定对应指标的权重，同时应考虑指标要体现政府执行力和服务质量（结果），指标要体现政府的责任，要同时考虑指标解释及数据来源等三个方面。在指标遴选和赋权过程中，鹤山市采取类似专家咨询法的方法，将指标体系分为经济发展、社会发展、人民生活、生态环境、党的建设五个部分。在鹤山市部门绩效考核评价指标体系的构建中，坚持以结果为导向的理念，以创建群众满意机关为最终目的，以体现转变和优化公共部门职能的要求为总体思路，构建部门指标体系。

四、选择评价方法

地方政府绩效评价方法分为定量和定性两种。定量方法是指通过运用数学、统计学所提供的概念、处理问题的方式和技巧，对基层地方政府绩效进行量的描述，建立相应的数学模型，进行计算和分析，以数字来衡量绩效结果。定量方法包括主成分分析法、层级分析法、数据包络分析法、模糊数学分析法等。同样的评价指标和数据，采用不同的定量分析法对评价结果可能会产生显著的差异，因此，为改善评价质量，选择适当的定量分析方法十分重要。定性方法是指运用主观打分的方法，对一些无法定量的绩效指标做出评价，它包括专家打分和公众调查等。两种方法各有优势和局限，应把二者有机结合起来。

在镇级绩效考核评价中，鹤山市的考核评价办法突出以政府职能履行效果的考核为主，要求把履行职能职责与解决社会突出问题作为两个基本内容，并且把两者有机结合起来，较好地体现了经济性、效率性、效果性、公平性和民意回应性。鹤山市从以下三个方面着手构建镇级政府整体绩效考核评价办法：首先，以结果为导向。地方政府整体绩效考核评价有事前、事中、事后三种方式。鹤山市建立的以结果为导向的镇级政府整体绩效考核评价办法，是一种事后考核评价的方式。考核评价镇级政府工作的最终成效和结果，有助于从根本上检验政府在履行职责方面的成效，从而引导政府科学制定工作规划，改进工作流程，提高工作的效益、效率和效果，最终实现政府的管理目标和群众满意。其次，定量与定性相结合。没有定性就会使考核评价偏离方向，没有科学的量化就会使考核评价走向形式主义。定量指标较为具体、直观，考核评价是可以计算的实际数字，而且可以制订明确的评价标准，通过量化的表述，使评估结果给人以直接、清晰的印象，这有利于绩效考核评价的科学化。但政府绩效又是一个多维的复合体系，不是所有因素都可以量化的，这就需要依靠定性方法予以测量。制订政府绩效考核评价方案，要明确界定问题，必须对涉及的评价体系进行定性论证，如征求专家意见对指标的重要程度进行遴选等。另外，对一些不能量化的指标，采用定性分析的方法，纳入民主测评与群众满意度调查内容之中，作为量化指标的重要补充，同时可从民意角度印证量化指标所反映的绩效。第三，内部与外部相结合。我国的政府绩效考核评价实践不是由群众从外部推动产生的，而是内力驱动的结果，是源于上级政府对下级政府的考核评价，具有鲜明的政绩考核的特点。但是，自上而下的考核方式和下级对上级负责的管理机制不可避免地导致干部习惯于“眼睛向上”，而对下负责的意识较为薄弱。引入外部评价有利于强化干部的群众满意和群众认可的意识，促使政府倾听民意；另一方面可以起到疏导民意、及时化解社会民怨的作用。同时，在评价指标上进行了细化，让群众有更直观的评估参考，也可以与相应考核指标结果进行印证。

在部门绩效考核评价中，要全面准确地掌握绩效信息和数据，对公共部门和服务对象不能采用一刀切的公众评价法，而是需要根据服务链，区分出各机关部门自己的工作对象，采取不同的调查方法来进行考评。从调查的科学性来说，使用有限样本的随机抽样法，让每一个评议对象都有发言机会，才能得到真正的民意，如果采取的是无代表性的自由受众访问法，虽然得到了成千上万的意见，但是得到的就仅仅是那些积极配合访问的人员的意见，并不代表得到了各个公共部门直接服务对象的意见；另外，现有的一些评价方式，没有对评议对象进行针对性的划分，就谈不上抽样方法，也谈不上质量控制。严格来说，使用各具针对性的调查方法，可以使评价结果的科学性得到很大的提高，而且也排除被评价对象操纵的可能性[1]。为了保证信息和数据的全面和真实可靠，可以采取多种调查方式开展考评，并进行相互印证和相互补充。现时，调查的方法很多，包括入户访问、拦截访问、电话访问、邮寄访问、网上访问、焦点座谈会、深度访问等，每种方法有其各自的优势和局限。鹤山市根据不同考评方式的特点和适用性，结合自身的实际情况，采取了如下几种考评方式：网上投票评分，服务窗口现场考评，基层对口部门考评，市四套领导班子成员考评，各单位领导考评，上级对口部门考评，市党代表、人大代表和政协委员考评，民主测评，综合检查小组考评。

五、收集、处理评价信息

地方政府绩效评价的过程实际上就是收集信息、处理信息、做出判断并给予反馈的过程，对绩效信息的全面掌握是评价的前提，信息失真、残缺、歪曲是产生评价误差的主要原因。因此，要保证绩效评价信息的全面、真实和可靠，收集信息时不仅要对评价主体有的放矢，还必须遵循中立、严谨的

[1] 邓国胜，肖明超等. 群众评议政府绩效理论、方法与实践［M］. 北京：北京大学出版社，2006：63-64.

原则，紧紧围绕评价目的和指标有计划地筛选、排除不相关的信息，对其进行系统的整理、分类、统计和分析，不能对信息施加主观影响或篡改，以免造成信息混乱和信息污染。对数据的处理通常采用多变量统计分析等方法，对各类数据进行系统研究。

六、撰写评价报告

为综合反映绩效评价结果，为地方政府和公众提供绩效信息，评价组织要撰写评价报告，对地方政府绩效做出书面结论。报告一般包括三个方面：一是评价的背景、目的及技术说明，二是技术体系和评价过程，三是评价结论（含改善绩效建议）。报告必须注意分析的客观性，不搞先入为主的结论，也不批评评价对象，应尽量反映那些取得成功的地方及未能达到预期绩效的地方，做好经验总结和缺陷分析。

七、评价结果的应用

进行地方政府绩效评价本身并非目的，只是一种政府管理的手段，其目的是使地方政府自身和利益相关者更全面地了解政府职能的履行情况及存在的问题，在此基础上，有效地使用评价信息使人们反思过去、思索现在、计划未来，在理性的反思基础上做出明智、客观的判断，以便总结经验、吸取教训，科学地规划未来的行动，不断地改进绩效。因此，没有评价结果的应用，地方政府绩效评价就不可能实现其自身的目标。

鹤山市在镇级整体绩效管理和公共部门绩效管理上注重结果应用。与绩效联系在一起的奖惩机制加大了对镇工作人员的激励，考核评价为奖优罚劣、奖勤罚懒提供直接依据。按实际应用情况，鹤山市采取政治激励、经济激励、风险激励三种方式，强化评价结果的应用。鹤山市将部门绩效考核结果与干部职工年度考核挂钩，与受评单位评优评先挂钩，与工作人员年终奖金分配挂钩，与干部选拔任用挂钩，与下一年度政府考核目标任务的确定挂钩。

第三节

鹤山政府绩效管理制度

为了实现政府绩效管理的科学化和规范化，需要建立健全的组织过程，实现管理过程的制度化。建立和完善政府绩效管理制度，有利于规范地方政府绩效评估，更好地发挥绩效评价在政府管理中的作用，促进政府提高效能。为了适应未来发展需要，开展前瞻性的绩效管理工作，学习、借鉴国内外有关绩效管理经验，准确把握鹤山社会经济发展规律，统筹考虑当前发展、未来发展和可持续科学发展的要求，鹤山非常注重制度体系建设，并制定了相对完备的法规制度，积极探索建立组织健全、程序完备、操作规范、运转协调的政府绩效管理制度。

一、政府绩效管理的一般制度

制度具有规范性、强制性和可操作性等特点。它由正式约束、非正式约束和实施机制等部分构成。一般来说，政府绩效管理制度主要包括政府绩效定期评价制度、政府绩效管理公开制度，政府绩效奖惩制度、政府绩效改进制度、政府绩效管理的法律制度等。

1．政府绩效定期评价制度。实行政府绩效定期评价制度，有利于规范政府绩效评价，减少主观随意性。政府绩效定期评价要注意频率的适当性。频率过高，会对政府产生较大压力，影响政府日常工作，工作人员疲于应付，容易产生逆反心理，使评价流于形式；频率过低，长时间不评价，又使绩效评价在政府管理过程中失去作用。因此，在制度设计上，一般实行年度评价制度。

2. 政府绩效管理公开制度。政府绩效管理公开制度包括政府绩效公开评价制度、政府绩效结果公示制度和政府绩效评价申诉制度等。它是公正地开展政府绩效评价的制度保障，也是防止暗箱操作和少数人操作的有效手段。

3. 政府绩效奖惩制度。建立和完善政府绩效奖惩制度，对绩效评价结果优秀者给予奖励，对于结果较差者给予必要的处罚，能够真正发挥政府绩效管理的激励作用。通过奖励，鼓励先进，激发活力，为政府绩效的改进注入动力；通过处罚，对绩效较差者进行约束，限期改进，以期不断提高政府的整体绩效水平。

4. 政府绩效改进制度。政府绩效管理的目的，是不断改进政府绩效，提高政府的工作效能。因此需要实行政府绩效改进制度，制订地方政府绩效改进计划，将政府绩效改进计划报政府绩效管理相关部门，经政府绩效管理相关部门评价、认可后付诸实施、监督和制订政府绩效改进计划的实施，发现问题及时解决。

5. 政府绩效管理的法律制度。现代社会，制度建设主要是通过法制建设体现出来，通过制定相关的法律法规，使有关的规则和程序固定下来，并得到有效的遵守和执行。专门的政府绩效评价立法是各级政府开展绩效管理工作的法律依据和行动指南，也是绩效管理组织体系建构的法律依据。因此，完善政府绩效管理制度，需要加强法制建设，通过制定和执行政府绩效管理的法律法规，实现政府绩效管理的规范化。

二、鹤山政府绩效管理的基础性制度文件

推行政府绩效管理制度是深化行政体制改革的一项重要内容，突出了全面、协调、可持续发展的政府管理理念，对全面贯彻落实科学发展观和构建社会主义和谐社会，进一步转变政府管理方式，加强服务型政府建设具有十分重要的意义。鹤山政府绩效管理注重加强基础建设，制定相对完备的法规制度，实行保障有力的管理。为促进政府绩效管理工作的有效实施，确保政府绩效管理工作的科学、客观和公正，在经过近10年的深入调研和广泛征

求各界意见的基础上，鹤山市制订下发了《鹤山市公共部门绩效考核评价办法》《鹤山市镇级领导班子和领导干部实绩考核办法》《鹤山市镇级党政领导干部风险基金管理实施细则（试行）》《鹤山市行政审批电子监察预警纠错办法》《鹤山市财政资金运行、产权交易、政府采购电子监察系统预警纠错试行办法》《鹤山市行政执法、重点项目、土地交易、建设工程交易电子监察系统预警纠错试行办法》等基础性制度文件，进一步落实科学发展观和正确的绩效观，结合本地实际情况，逐渐建立起以结果为导向，以群众满意为标准的政府绩效管理制度体系。下面对这六个政府绩效管理的基础性制度文件进行介绍。

1. 《鹤山市公共部门绩效考核评价办法》

《鹤山市公共部门绩效考核评价办法》共分为八个部分。第一部分为组织机构，明确了考核评价工作在市委领导下进行，领导小组设在市委组织部。第二部分提出《办法》的基本原则包括：注重实绩、实事求是；公开、公平、公正；分类设置，客观科学。第三部分介绍考评范围，鹤山采用360度模型理念，依据受评单位的行政职能、服务对象和服务性质，分A、B、C三类进行考评，总共包括市直党政机关、事业单位、垂直管理部门、上级驻鹤山的单位，共57个单位。第四部分将考评内容分为个性工作、共性工作和绩效测评。第五部分为考评程序。根据各部门的职责，依照公平、公开、公正原则，市考评办组织开展日常及年终的各类考评工作，并负责将考评信息进行分类汇总，形成初步考评意见，提交给市考评领导小组研究、审核。根据领导小组的审核意见，市考评办进行复查，形成最终考评结果，并报市委审批，市委审批后通报考评结果，并在政府网站上公布。第六部分为考评结果等次，考评结果的计分方法为总分=Σ（各考评方式得分×该考评方式占总分的比例）+嘉奖加分分值－扣分分值，根据考评结果按A、B、C三类单位得分情况排列，分“优秀”“良好”“一般”“较差”四个等次。第七部分为考评结果应用，同时把单位考核等次与班子党政正职的年度考核结合起来，对被评为“较差”等次的单位，对党政正职和领导班子进行不同程度的处理。第八部分明确了有关要求。

2.《鹤山市镇级领导班子和领导干部实绩考核评价办法》

《鹤山市镇级领导班子和领导干部实绩考核评价办法》共分七个部分。第一部分组织领导，明确镇级实绩考核评价工作在市委统一领导下进行，成立鹤山市镇级领导班子实绩考核工作领导小组，领导小组办公室（以下简称市考评办）设在市委组织部，负责对考核评价方案的修改完善、解释说明和组织实施。第二部分明确考核评价范围和内容。各镇（街）党政领导班子列入镇级实绩考核评价范围。采用分类、量化的方法，考核各镇（街）经济发展、社会治理、环境保护、完成市主要考核目标等四大类工作完成情况，另设一票否决及扣分项目。第三部分评分标准。第四部分明确考核评价程序依次为开展民意调查—市直部门提供考核评价数据—镇（街）确认考核评价数据—市考评办整理汇总形成初步考核评价结果，经市实绩考核评价工作领导小组研究审核后，报市委、市政府审批—发文通报考核评价结果，并在政府网站上公布。第五部分是考核评价结果等次。镇（街）实绩考核评价得分采用百分制，考核评价结果分“优秀”“良好”“一般”“较差”四个等次。第六部分为考核评价结果应用。第七部分明确了有关要求。

3.《鹤山市镇级党政领导干部风险基金管理实施细则（试行）》

建立党政领导干部风险基金管理，加强对镇党政“一把手”的监督，具有重要意义。首先，有利于促进领导班子树立正确的政绩观和科学发展观。镇党政“一把手”风险基金，该留多少，发还多少，都以政绩为依据，接任人和离任审计报告对离任人履行岗位职责情况和经济责任有重要的话语权，从而促使领导班子转变工作作风，破除急于求成的思想，立足长远，确保当地社会经济又好又快、可持续发展。其次，有利于增强镇领导班子的责任意识和自律意识。由于干部监督工作的制度建设起步较晚，干部监督工作的刚性机制还不完善，因此通过设立风险基金管理制度，丰富了干部监督的形式和内容，形成纪律约束和经济制约相结合的双重监督机制，进一步丰富了干部监督工作的内涵，达到加强干部队伍作风建设，促进班子党风廉政建设的目的。再次，有利于强化领导干部的任期经济责任意识。风险基金的发放须经过离任审计，提高离任经济责任审计结果的运用水平，把审计结果运用的效能进一步延伸，促使领导干部在使用权力过程中规范自己的行为，对强化公开、透明、全面的监督机制，建设问责政府、法治政府具有重要意义。

为加强对镇领导班子党政正职的监督，鹤山市在《镇级领导班子实绩考核试行办法》的基础上，制定了《鹤山市镇级党政领导干部风险基金管理实施细则（试行）》，作为对《试行办法》的完善和补充，把干部监督工作与政绩考核工作紧密结合起来。镇级实绩考核把实绩考核的结果与镇干部的绩效奖励挂钩，市考评办根据各镇党政正职绩效奖励的10%为其预存风险基金，由市财政局代管理。镇党政正职离任时，由市纪委、组织部、财政局、审计局和原所在单位共同做好对其完成任期责任的确认工作，离任人须填写“鹤山市镇级党政正职离任经济责任事项交接书”一式七份并递交承诺书一份，对移交的经济责任事项及有关资料的真实性、完整性、合法性承担相关责任。市考评办根据镇党政“一把手”及其所在党组织违反纪律的处理结果，汇总市审计部门的审计和相关镇的接任人对离任人确认等的有关意见材料后，提交市镇级领导班子实绩考核工作领导小组审议，决定发还风险基金的比例。经确认未能圆满完成或部分指标不实的，酌情扣减离任人的风险基金，直至扣完。这样把实绩考核的结果与领导干部的绩效奖励挂钩的办法，以发挥其活力，在发放年薪奖励上还实行上不封顶、下设保障线，保证考核结果较差的镇级公务员基本收入。把党政“一把手”的年薪提高至普通公务员收入的两倍，以体现权责一致。

《鹤山市镇级党政领导干部风险基金管理实施细则》总共四章。第一章风险基金计算及预存，说明风险基金管理的组织结构，各职分工明确。市镇级领导班子实绩考核工作领导小组领导，财政部门为具体管理风险基金部门，代管镇党政正职预存任期内风险基金，市审计部门组织实施。同时指出镇机关党政正职的风险基金按照年度镇级领导班子实绩考核结果对应的年收入的10%计算。第二章明确经济责任及风险基金扣发标准，共16条款，包括对应践行的经济责任进行详细规定和对违反相关条款的风险基金扣发标准比值进行明确两部分。厘清经济责任分类、界限及应承担的责任，杜绝公务员干部产生相互推诿扯皮现象。第三章明确扣发程序中对党政干部离任时，各单位须相关职责进行说明，由市纪委、组织部、财政局、审计局和原所在单位共同做好对其完成任期责任的确认工作，镇级领导班子根据相关部门汇总的材料进行审议，决定风险基金发还比例，由市财政局进行基金的发放。离任者填写“鹤山市镇级党政正职离任经济责任事项交接书”一式七份。同时递交承诺书一份，对移交的经济责任事项及有关资料的真实性、完整性、合法性承担相关责任。第四章指出除法律或上级文件另有规定外，镇（街道）党政正职共同任期内的经济责任不做区分，发现问题，分别承担100%责任。

4. 《鹤山市行政审批电子监察预警纠错办法》

《鹤山市行政审批电子监察预警纠错办法》共五章，包括总则、纠错范围、责任划分、责任追究和附则，共计33个条款。第一章总则指出充分发挥行政审批电子监察系统的监控作用，加强对全市行政机关及其工作人员实施行政审批的监督管理，及时发现和纠正行政审批实践中存在的问题，进一步提高行政审批工作效能。第二章明确纠错范围，对行政机关及其工作人员在实施审批过程中，对行政审批超时限、违规收费、违反审批程序违反政务公开、对符合条件的申请人不予批准等违规行为，分别发出预警信号——“黄牌”和“红牌”，对于符合黄牌纠结警示信号的应在一个工作日内完成纠错工作。第三章责任划分中，一是对承办人、审核人、批准人三者间在行政审批办理过程中出现错误，被发出黄色或红色纠错指示信号，根据相关环节责任划分的规定，确定相关责任承担人；二是对集体研究做出的行政审批行为、受委托实施行政审批的行政机关做出的审批行为、行政机关不履行法定行政审批职责义务的，被发出黄色或红色纠错指示信号，做出明确的责任承担的划分。第四章责任追究中，对于行政机关工作人员违反规定实施行政审批行为，发放红色或黄色纠错指示信号，根据责任承担人差异、侵犯权益人的不同，给予不同主体、不同形式的责任追究。责任追究主要采用行政处分形式，将其与个人发展挂钩，强调责任追究中绩效管理结果的应用。

5. 《鹤山市财政资金运行、产权交易、政府采购电子监察系统预警纠错试行办法》

《鹤山市财政资金运行、产权交易、政府采购电子监察系统预警纠错试行办法》共四章，包括总则、纠错范围、责任追究和附则，共计24个条款。第一章总则指出充分发挥财政资金运行、产权交易、政府采购电子监察系统预警纠错作用，加强行政监察工作，创新行政管理方式，推进电子政务建设，监察机关运用电子监察系统对财政资金运行、产权交易、政府采购等行为的全过程实施监督，开展预警纠错、绩效测评、提供信息服务等活动。第二章明确纠错范围。纠错范围包括财政资金运行电子监察系统纠错范围、产权交易电子监察系统纠错范围、政府采购电子监察系统纠错范围。第三章责任追究中，行政机关工作人员违反规定实施财政资金运行、产权交易、政府采购等行为，一年内被同一电子监察系统发出黄色纠错指示信号两次以上（含两次）的，按下列方式追究责任：责令做出书面检查、通报批评、扣发考核奖、取消当年评优评先资格、停职离岗培训或调离工作岗位、法律法规规定的其他方式。同时明确了行政机关工作人员违反规定实施财政资金运行、产权交易、政府采购等行为，被发出红色纠错指示信号的行政处分类别和责任人主动发现并及时纠正错误，或积极配合组织调查，未造成重大损失或不良影响的免责和其他情形的免责。另外，国家机关及有关单位的工作人员在实施财政资金运行、产权交易、政府采购等行为过程中滥用职权、玩忽职守、徇私舞弊、索贿受贿的，依法追究其行政责任；构成犯罪的，由司法机关依法追究其刑事责任。

6.《鹤山市行政执法、重点项目、土地交易、建设工程交易电子监察系统预警纠错试行办法》

《鹤山市行政执法、重点项目、土地交易、建设工程交易电子监察系统预警纠错试行办法》共四章，包括总则、纠错范围、责任追究和附则，共计25个条款。第一章总则指出为加强行政监察工作，创新行政管理方式，推进电子政务建设，充分发挥电子监察系统效用，监察机关运用电子监察系统对行政执法、重点项目、土地交易、建设工程交易等行为的全过程实施监督，开展预警纠错、绩效测评、提供信息服务等活动，并确定了行政执法、重点项目、土地交易、建设工程交易电子监察系统的预警纠错内容。第二章明确纠错范围。纠错范围包括行政执法电子监察系统纠错范围、重点项目电子监察系统纠错范围、土地交易电子监察系统纠错范围、建设工程交易电子监察系统纠错范围。第三章责任追究中，行政机关工作人员违反规定实施行政执法、重点项目、土地交易、建设工程等行为，一年内被同一电子监察系统发出黄色纠错指示信号两次以上（含两次）的，按下列方式追究责任：责令做出书面检查、通报批评、扣发考核奖、取消当年评优评先资格、停职离岗培训或调离工作岗位、法律法规规定的其他方式。另外，违法实施行政执法、重点项目、土地交易、建设工程交易等行为，给当事人的合法权益造成损害的，依照《中华人民共和国国家赔偿法》的规定给予赔偿。国家机关及有关单位的工作人员在实施行政执法、重点项目、土地交易、建设工程交易等行为过程中滥用职权、玩忽职守、徇私舞弊、索贿受贿的，依法追究其行政责任；构成犯罪的，由司法机关依法追究其刑事责任。

第四节

鹤山政府绩效管理公众参与

公民导向为现代民主政治的内在要求，是政府绩效评价的终极发展目标，意味着“民心所向”可以在第一时间就强烈地影响到干部的政绩，从而有效地约束和激励政府行为。在现代民主体制下，公共政策必然要置于公众视线中，反映公众声音，体现公众利益。政府需要透过民意调查了解公众的态度与感受。公众由于个体分散、信息不流畅、参与机制不健全等问题，往往处于弱势，他们对于改变自己现状的呼声和对公共事务的看法缺乏机会表达出来，其意见难以获得政府部门的了解和重视，因此，公众对民意信息的需求十分强烈。只有将依靠群众纳入制度安排和现代管理方法路径，才能推进政府绩效管理进入科学发展轨道。群众路线是我党的优良传统和作风，必须坚持“一切为了群众，一切依靠群众，从群众中来，到群众中去”的群众路线，建立群众路线运行机制[1]。但在很多情况下，干部习惯于对上负责，缺乏对下负责的意识。

公众满意是衡量政府工作的最终标准。老百姓是政府绩效考评的重要主体，政府绩效管理应该摒弃“官本位”的思想，引入公众参与。鹤山推行综合绩效考评，特别凸显公众作为评价主体的重要地位，高度重视其合理诉求，目的是希望通过政府绩效评价体系这一媒介，提高政府工作的民意回应性，切实增强各级干部的责任意识、服务意识与惠民意识。为此，政府绩效必须回应人民群众最关心、最直接、最现实的利益需求。只有建立在高度回应民意和社会接受基础上的绩效考评机制建设，绩效考评才能真正发挥切实

[1] 郑方辉，朱一中. 民意市场研究理论方法与典型报告［M］. 北京：中国经济出版社，2007：274−278.

作用。

除了群众满意度调查，在考察领导班子和领导干部中，民主测评是干部工作走群众路线的一种体现。由于民主测评采用无记名方式进行，其参与面广、保密性强，能广泛真实地吸纳群众的意见。在政府绩效考核评价中引入民主测评，是实绩考核与干部群众评价相结合的考核评价方式，能较好地引导领导班子重视和关心干部群众的意见，同时起到较好的监督作用，从而促进权力的有效行使。鹤山市对镇级政府整体绩效的民主测评主要分为对党政领导班子民主测评与对党政领导干部民主测评两种。群众满意度调查是掌握受评对象的群众公认度的一种工作方法。邓小平曾指出，“人民满意不满意、人民高兴不高兴、人民赞成不赞成、人民答应不答应”[1]是判断中国特色社会主义一切工作成败得失的重要依据。我国政府绩效评价的方式以自上而下的内部评价居多，群众的外部评价极少。这种行政主导、群众缺位的内部评价方式与“人民政府”“执政为民”“民主参与”的理念有较大差距。群众满意是行政合法性的基石，理应成为评价政府工作的基础性指标。从这个意义上说，群众评价政府乃天经地义之事。如果说民主测评仍跳不出体制内评价，那么群众满意度调查就是实现政府绩效评价从封闭走向开放，从“内评”走向“外评”的转变。群众满意度调查与民主测评一起，构成了政府绩效评价从“官评”向“民评”、“上评”向“下评”的突破。群众满意度调查问卷的指标设计，需要站在群众的角度来考虑，这是因为实绩考核指标多是政府关心的硬性指标，如经济增长率、招商引资工作等；而对群众来说，他们主要关注与自身利益相关的事项，对政府的关注点是多角度的，关注程度有热有冷。不同地方的群众对政府的关注点及其程度是不同的。

鹤山市的政府绩效评价实践勇于打破惯性，着眼于社会和公众的参与，建立和完善地方政府信息交流与沟通机制，将社会、企业、公众从各级政府部门的行政服务中的受益程度作为衡量满意程度的核心指标，在镇级实绩考核中引入民意调查——群众满意度测评，重落实群众的参与权、知情权、监

[1] 邓小平. 邓小平文选（第3卷）[M]. 北京：人民出版社，1993：372.

督权，把镇级政府工作置于广大人民群众监督之下，设计了环境保护、执法公正、服务态度、服务效率、廉洁从政等若干与镇级政府绩效相关的指标进行问卷调查，收集反映群众主观感受的信息，从技术层面弥补考核数据信息的缺失、失真或走样的缺陷。鹤山市加大了公众评议的权重，采取基层群众评议等8种社会评议方式，进一步加大公众参与政府绩效考评的力度，开展服务对象满意度评价、群众评价、社区评价和网民评价，实现了机关部门工作与公民评价的无缝对接。

在实践当中，鹤山还通过广泛的社会宣传和征求意见，充分了解公众想法和意愿，邀请第三方机构参与绩效考核指标体系建设，如征求专家意见，依指标的重要程度进行论证、遴选和动态调整，同时充分考虑社会经济情势变化所带来的变动性，在动态把握绩效评价原则标准的同时把握政策方针的延续性。市直机关则根据其职能精心设计了各部门的绩效调查问卷，使评价内容科学具体，评价者易于掌握评价标准，确保了评价的精确度，减少了模糊度。在数据采集上，鹤山市颇费心思，除内部进行民主测评外，还将话语权更多地交给公众，由广大网民，服务窗口现场办事的群众，镇基层对口职能部门，市四套领导班子，各部委办局主要负责人和各镇党政一把手，上级对口部门，市党代表、人大代表和政协委员，社区党员和群众代表，受评单位的全体干部职工，约1万份的调查问卷，涵盖范围相当广，考评的人员基本覆盖受评单位全部业务范围；同时鹤山采用了专家咨询法（德尔菲法），对各指标的权重和指标内容进行分析认定。具体方法是：考核领导小组设计调查问卷，考核领导小组办公室听取有关方面的专家学者、有丰富实践经验的部门领导干部、广大人民群众的意见，然后回收问卷，对意见进行收集整理、归类统计，并经过多年的实践验证，最后确定出本套指标体系中各指标的权重。

收集民意本身就是一门科学，只有按照绩效评估的目标设计的科学的抽样方法和调查方法，才能够反映真实的群众声音[1]。只有以科学的抽样方

[1] 邓国胜，肖明超等. 群众评议政府绩效理论、方法与实践 [M]. 北京：北京大学出版社，2006：53.

法和调查方法为基础，公众满意度调查才能够反映真实的群众声音，公众的意见才可以准确地得以表达和提炼。对于科学的部门绩效考评来说，分类是基础，将复杂的党委政府职能机构和多元的考评主体进行分类，并在此基础上制定精细化部门绩效考核调查问卷，运用有针对性的抽样方法和调查方法进行考评，这样才能获得较好的评价结果。问卷是直接测量服务满意度的工具，对于考评来说，问卷设计的质量将会直接影响到调查结果是否公正客观。与传统的“万人评政府”不同，鹤山对政府部门的满意度通过做大量的问卷调查获得数据，如窗口部门采取了现场考评，让服务对象评价其工作成效。群众和基层考评均采用精细化的调查问卷，根据部门的核心职能，设计通俗易懂的选择题方便群众评价。

在满意度调查过程中，由政府外的第三方协助开展公共部门绩效评价，结果比较客观公正，并能最大程度地保证“民意”的真实传递。近年来，鹤山市引入第三方调查机制，聘请社会中介机构到政府部门的服务窗口现场开展调查和收集数据，并独立开展数据的分析和统计工作，市考评办派人对中介机构的调查工作实施全程监督，但不插手或影响中介机构的独立调查。这种“独立调查+全程监督”的运作机制，较好保障了中介机构对各部门职能的完成情况以及工作的效率、质量和态度等方面的无记名测评，有效保证了评价程序、方法和结果的公正性。总之，鹤山市级政府部门绩效评价满意度调查问卷的设计坚持以下原则。

一、坚持考评内容的合法性原则

合法性原则是指部门依法履行职能，为群众提供优质公共服务和公共产品的原则。现在很多的部门绩效考评都存在缺乏针对性的情况，采用简单的提问方式，如“请问您对××部门的工作满意吗？”等空泛的问题。绩效考评本身的目的是希望能够将评价结果用于指导各个公共部门改进工作。因此，需要将部门的工作职责分解成深入和细致的考评调查问卷，而且这些考评问卷要具有可操作性。由于不同的部门有着不同的工作目标和组织职能，特别是重要的职能工作，这些工作对于公共部门来说是必须完成的，是衡量一个部门是否合格或者部门领导班子是否称职的方面。这就要求对其绩效评价应依据不同部门的关键职能来设计相应的绩效考评问卷指标。同时，还要充分结合每个部门在工作过程中认为关键的服务环节或工作特点来设定一些考评指标，以补充和完善指标体系，使考评的内容覆盖到每个部门的主要业务范围和体现其工作特征。

在制定主要职能调查问卷方面，鹤山市采取以部门关键职责为依据，以群众满意为导向，以沟通协商为机制，引导机关部门切实履行部门关键职责，为群众提供满意的公共服务。具体的做法是：各市直机关部门按照调查问卷的形式，根据本单位主要职责制定职能考评问卷指标；每项考评问卷指标按照“满意”“基本满意”“不满意”“不了解”的评价程度设置选项。为了便于群众了解，考评问卷指标和评价选项都通过具体、实际的工作形式表现出来。形成调查问卷初稿后，市考评办通过查阅该单位的“三定（定职能、定机构、定编制）方案”以及有关文件和资料，全面了解其职能设置、编制状况、内设机构、职能分解以及发展战略等，在此基础上，共同讨论后提出修改意见稿，反馈到各部门并充分听取其领导和部门中层干部的意见，几经往复，最终形成体现该单位工作职能和工作特点的精细化部门绩效调查问卷。如表4-1“教育局绩效考评问卷指标设计示例”。

表4-1　教育局绩效考评问卷指标设计示例

教育局的主要职责	绩效考评问卷指标	说　明
一、贯彻执行国家的教育方针、政策和法规，加强对学校的指导和检查监督；研究草拟地方性的教育规章制度，并组织实施	您认为教育局管理全市各中小学总体的效果如何	此指标为总体评价指标
二、研究制订教育事业发展规划、年度发展指导性计划，并协调、指导实施工作	您认为教育局在安排部署工作时是否充分考虑基层（学校）的实际情况和承受能力	部门的工作职责很多，一般分为重要职责和非重要职责两种，鹤山市主要是按照重要职责制订考评问卷指标

（续表）

<table>
<tr><th>教育局的主要职责</th><th>绩效考评问卷指标</th><th>说　明</th></tr>
<tr><td>三、指导、协调各镇、各部门有关教育工作，负责教育督导与评估；检查学校执行国家规定和教学大纲计划完成情况；指导办学体制和学校内部管理体制的改革</td><td>1. 您认为教育局在推行依法行政、依法治校，杜绝不作为和乱作为方面的效果如何
2. 您认为教育局在办理转学、办学证年审、教师招聘等工作过程中，做到了简化审批程序、向办事群众明示办理条件和时限、提供资料吗</td><td rowspan="2">部门的工作职责很多，一般分为重要职责和非重要职责两种，鹤山市主要是按照重要职责制订考评问卷指标</td></tr>
<tr><td>四、指导各镇教办、中学及市直学校制定教育经费年度预算，拟定教育拨款、教育基建投资计划，配合市镇财政部门落实经费的划拨。会同有关部门拟定教育经费的管理办法，协调有关部门管好和用好教育基金</td><td>您对教育局推进免费义务教育、规范教育收费工作的效果如何评价</td></tr>
<tr><td>五、指导各类学校的德育、智育、体育、卫生、美育、国防教育、勤工俭学、教育技术装备；规划、组织有关的学历教育和招生考试工作；指导电视大学制订招生计划和学校教育、教师管理工作</td><td>1. 您认为教育局在招生考试工作中是否做到公平、公正
2. 您对教育局指导全市高中学校的发展以及高中教学质量是否满意</td><td>1. 招生考试是教育局的重点职能工作，也是社会的热点难点问题
2. 普及高中教学既是上级考核的关键性业务指标，也是鹤山市实现“教育强市”战略的重要举措</td></tr>
<tr><td>六、组织和指导各类学校开展教学研究和教学改革，监控教材、教学辅助资料规范使用，搞好教育管理信息和统计工作</td><td>您对教育局组织和指导各类学校开展教学研究和教学改革如何评价</td><td></td></tr>
<tr><td>七、规划和管理全市教育行政干部队伍和教师队伍，加强校长和教师队伍建设</td><td>您对教育局抓好校长和教师队伍工作如何评价</td><td></td></tr>
</table>

（续表）

教育局的主要职责	绩效考评问卷指标	说　明
八、归口管理全市的成人教育、社会力量办学和民办学校的审批管理	您对教育局管理全市的成人教育、社会力量办学和民办学校的审批管理工作如何评价	
九、承办市政府和上级教育行政部门交办的其他事项	您对教育局解决困难家庭子女上学问题如何评价	“四难问题”中的“读书难”是市委、市政府多年来重点解决的事项

二、坚持考评主体与考评问卷的对应性原则

对应性原则是指问卷的内容和表达形式要与考评主体的认知与理解能力相对应。部门绩效考评是一个涵盖方方面面诸多要素的有机整体，而要让各个机关部门的服务对象能够对部门的绩效表现做出有效的评价，在具体的调查问卷考评内容设置时，需要以服务对象为导向，站在服务对象的角度来考虑考评内容的构成。考评内容除了要反映被评议部门的职能和工作特点外，还要考虑到考评主体在参与评议时对内容的理解和接受能力，将部门职责转化为与群众生活息息相关的工作内容。例如，普通居民对于部门的绩效表现是很难用专业的角度来评价的，因此一些专业的表述比如“研究制订教育事业发展规划、年度发展指导性计划，并协调、指导实施工作”等，就需要转化为他们可以理解的问题“您认为教育局在安排部署工作时是否充分考虑基层（学校）的实际情况和承受能力？”而政府内部部门管理者对于这些问题的理解能力则比较强。

鹤山市针对不同考评主体采用不同考评问卷进行调查的做法进行了多年的探索：初期开展“万人评议”活动，主要是通过派发满意度调查问卷的方式来收集数据。为了让考评主体详细了解考评内容，还把评议要素列在表格下做说明。采用该种问卷虽然操作简单方便，但是由于没有站在服务对象的角度来考虑考评内容的构成，也没有对所调查的人群进行严格区分，对于人

们是不是接触过该部门，或者何时接触过该部门，并没有采取特别的区隔，这使得通过调查问卷获得的只是人们对于公共部门的一种模糊印象，并不代表其真正服务群众的绩效，影响了调查的严肃性和公正性。

表4-2　鹤山市机关作风建设评议表

A类单位（排名不分先后）

等次	单位							
	公安局	劳动保障局	建设局	交通局	环保局	教育局	卫生局	……
满意								
基本满意								
不满意								

说明：一、本表评议采用无记名方式进行，评议人请以认真负责的态度，中肯地对各单位进行评议，并在相应栏内打“√”，每个受评单位只能选一个评议等次。二、如对某单位有具体意见和建议，请在下面意见栏内填写。三、考评的具体内容：（一）贯彻决议和任务完成。1. 认真学习贯彻上级指示精神和市委、市政府重要决策精神；2. 领导重视机关作风建设工作；3. 认真对待上一年机关作风建设考评过程中群众和基层反映该单位的意见和建议；4. 清理审批和核准项目，减少审批项目和环节，深化审批制度改革；5. 是否发生重大工作失误，造成社会不良影响，受到上级部门点名批评或处分。（二）制度建设和政务公开。1. 受评单位根据自身实际，健全各项规章制度；2. 落实和执行财经纪律，重点落实财务“收支两条线”制度和清理“小钱柜”；3. 建立岗位责任制，明晰岗位责任。4. 在原有政务公开的基础上进一步推行办公自动化。（三）工作效率和服务质量。受评单位的工作效率和服务质量，主要从该单位平时工作完成的质量和效率中体现。但是各单位的工作千差万别，任务很多，重点考核以下内容：1. 带有共性的13项工作（包括党务工作、信访、社会治安综合治理、计划生育、安全生产、精神文明建设、工会、共青团、妇联、保密、档案、人事、统计）的完成情况；2. 受评单位深入基层办实事好事，为群众排忧解难；3. 该单位是否积极、主动、热情地为群众、企业和基层服务，及时解决

实际问题。（四）依法行政和勤政廉政。1. 自觉遵守党风廉政建设的规定；2. 有无发生违法违纪的事件；3. 班子成员廉洁自律、团结协作、认真落实民主集中制；4. 依法行政，纠正部门和行业不正之风，制止乱检查、乱收费、乱摊派、乱罚款、乱设卡的现象。

鹤山市尝试根据不同考评主体采用不同考评问卷的做法：对于鹤山市四套班子领导，市直职能部门和镇（街）的主要领导，党代表、人大代表和政协委员等相对熟悉公共部门职能的考评主体，仍然采用满意度调查问卷进行考评；而对于服务窗口现场办事的群众、镇基层对口职能部门全体工作人员和主管领导、社区党员和群众代表、广大网民、上级（指地市以上）业务部门等考评主体，则采用了基层和群众考评问卷（表4–3）进行评价。通过改进工作，考评收到了较好的效果。

表4–3　基层和群众考评问卷

<table>
<tr><th colspan="5">基层和群众考评问卷</th></tr>
<tr><td colspan="5">受评单位：</td></tr>
<tr><td rowspan="6">依法行政</td><td colspan="4">1. 在办事或日常生活中，您觉得该部门工作人员有没有利用工作之便“吃、拿、卡、要”或乱罚款、乱收费、乱摊派的现象？</td></tr>
<tr><td>A. 没有</td><td>B. 有，但不算严重</td><td>C. 有，而且比较严重</td><td>D. 不了解</td></tr>
<tr><td colspan="4">2. 您认为该部门在办事的过程中是否做到不偏私、不歧视，公平、公正地对待每一位前来办事的群众？</td></tr>
<tr><td>A. 做得很好</td><td>B. 基本做到，但仍有个别不够公平、公正的现象</td><td>C. 做不到，经常发生偏私、歧视的情况</td><td>D. 不了解</td></tr>
<tr><td colspan="4">3. 您认为该部门有否严格依照职责权限和服务承诺办事，做到不越权、不推诿、程序合法、服务到位？</td></tr>
<tr><td>A. 是的，各个方面都做到很好</td><td>B. 基本做到，但仍有需要进一步改进的地方</td><td>C. 做不到，很多方面都很混乱</td><td>D. 不了解</td></tr>
<tr><td rowspan="2">服务态度</td><td colspan="4">1. 您觉得该部门的工作人员在解答咨询或处理业务时，有否做到热情、耐心、准确？</td></tr>
<tr><td>A. 是的，他们做到很好</td><td>B. 还可以，但需要进一步提高</td><td>C. 很差</td><td>D. 不了解</td></tr>
</table>

（续表）

基层和群众考评问卷				
受评单位：				
服务态度	2. 您在办事的过程中，有否发现该部门的工作人员有闲聊、嬉笑打闹、上网玩游戏等现象？			
	A. 没有	B. 偶尔有这种现象	C. 经常看到这种现象	D. 不了解
	3. 您到该部门办事时，工作人员有没有向您一次性全面告知所办事项的工作流程及所需资料？			
	A. 有	B. 有时没有	C. 没有	D. 不了解
办公环境	1. 您认为该部门有否向群众清楚公开了办事指南、服务承诺、职责范围等情况？			
	A. 很全面，便于群众监督和办事	B. 比较全面，但仍有不明确的地方	C. 很差	D. 不了解
	2. 您觉得该部门的办公环境是否整洁、舒适？桌面摆放是否整齐？			
	A. 很整洁	B. 比较整洁	C. 脏、乱	D. 不了解
	3. 您觉得该部门工作人员在着装、挂牌上岗等方面是否规范，便于群众监督？			
	A. 很规范	B. 比较规范	C. 不规范	D. 不了解
办事实效	1. 您认为该部门的办事效率如何，有否在规定或承诺的时限内办结完毕受理事项？			
	A. 效率很高	B. 效率一般	C. 很差	D. 不了解
	2. 你认为该部门对受理事项有没有主动告知具体办结期限？在不违反规定前提下，对于紧急事项有没有实行特事特办？			
	A. 有，能做到主动为群众着想	B. 能主动告知办结期限，但欠缺特事特办的主动性和灵活性	C. 不能做到上述要求	D. 不了解
	3. 你认为该部门有否在符合规定的前提下，做到简化审批程序或办理手续？			
	A. 是的，在这方面做得很好	B. 有相关措施，但需进一步改进	C. 程序或手续繁琐，未见有任何简化措施	D. 不了解
总体评价	综合上述各个方面，您觉得该部门的整体工作做得如何？			
	A. 令人满意	B. 基本满意	C. 不满意	D. 不了解

（续表）

基层和群众考评问卷	
受评单位：	
有何意见或建议	
注：①问卷分总体评价和分项评价两部分，各占50%分值。 ②总体评价设“满意”“基本满意”“不满意”“不了解”四个等次供群众选择；分项评价由若干情景式选择题组成，不同的选择答案代表不同的评价等次，分别对应“满意”“基本满意”“不满意”“不了解”四个等次。前三个等次对应的指标分值分别为100分、70分、0分，“不了解”等次不计分。	

但是，上述问卷仍存在不足。表4—3所反映的都是共性的问题，忽视了受评单位的个性化特点，针对性不强，对受评单位将评价结果用于指导部门改进工作的帮助不大。因此，问卷设计需要兼顾受评单位的个性和共性，从而为受评单位提供有效的绩效反馈信息，为其绩效改进提供参考。毕竟，绩效考评本身仅是手段，促进绩效改进才是目的。为此，鹤山市在表4—3的基础上进一步提高针对性，形成了以部门职能为主要考评内容，共性指标做补充和完善的考评问卷，使考评内容具体和细化到每个部门（如市教育局绩效考评问卷示例），用于服务窗口现场办事群众、镇基层对口职能部门全体工作人员和主管领导、社区党员和群众代表、广大网民、上级业务部门等群体进行考评。

表4–4　鹤山市教育局绩效考评问卷示例

1. 您认为教育局在推行依法行政、依法治校，杜绝不作为和乱作为方面的效果如何? A. 满意 B. 基本满意 C. 不满意

D. 不了解

2. 您认为教育局在安排部署工作时是否充分考虑基层（学校）的实际情况和承受能力？

A. 考虑充分，安排工作合理

B. 大多数情况考虑了基层的实际情况和承受能力，但有时考虑不够

C. 没有考虑基层的实际情况和承受能力

D. 不了解

3. 您对教育局在推进免费义务教育，规范教育收费工作方面的效果评价是：

A. 深入治理教育乱收费，学校收费规范

B. 大多数学校收费规范，但有个别学校宣传教育收费政策力度不够

C. 学校经常乱收费

D. 不了解

4. 您对教育局在指导全市高中学校的发展及高中教学质量方面是否满意？

A. 满意

B. 基本满意

C. 不满意

D. 不了解

5. 您对教育局在组织和指导各类学校开展教学研究和教学改革方面的评价是：

A. 成效明显

B. 基本能够适应形势需要，有一定效果

C. 不适应形势需要，效果差

D. 不了解

6. 您对教育局在抓好校长和教师队伍工作方面的评价是：

A. 扎实抓好教师队伍建设，学校师德教风良好

B. 能推进师德教风建设工作，有一定成效

C. 没有措施加强师德教风建设工作，学校师德教风差

D. 不了解

7. 您认为教育局在招生考试工作中是否做到公平公正？

A. 公平公正

B. 基本公平公正

C. 不公平公正

D. 不了解

8. 您认为教育局在办理转学、办学证年审、教师招聘等工作过程中，做

到了简化审批程序、向办事群众明示办理条件和时限、提供资料吗?

A. 能简化审批程序、主动告知办理时限及提供资料，并能做到特事特办

B. 基本能做到，但欠灵活性

C. 做不到，令群众感到混乱

D. 不了解

9. 您对教育局在解决困难家庭子女上学问题工作方面的评价是:

A. 积极采取多种途径解决

B. 基本能解决

C. 不能解决

D. 不了解

10. 您对教育局在协调有关部门搞好全市的成人教育、社会力量办学和民办学校的审批管理方面的评价是:

A. 满意

B. 基本满意

C. 不满意

D. 不了解

11. 在办事过程中，您认为教育局工作人员有没有利用工作之便“吃、拿、卡、要”或牟取私利?

A. 没有

B. 个别工作人员有，但不算严重

C. 有，而且比较严重

D. 不了解

12. 您认为教育局管理全市各中小学总体的效果如何?

A. 勇于创新，严谨高效，工作成效明显

B. 注重实际效果，但有时存在形式主义

C. 忽视实际效果，搞形式主义

D. 不了解

13. 您对教育局的工作还有哪些意见或建议?

三、坚持考评内容的回应性原则

回应性原则是指问卷设计要体现机关部门的服务内容和质量对群众需求的回应。现在很多地方的绩效考评关注的是硬性指标，例如“GDP增长多少”“财政收入增长多少”“办了多少件事”等；而对于服务对象来说，他们更多关注的则是“政务公开”“依法行政”“工作效率”“服务态度”

“勤政廉政”等内容。因此，在设置具体的指标时，既要充分结合每个部门的关键职能和工作特点而设定差异性指标，又要针对群众服务需求而设定一些常规的共性指标。鹤山市坚持以服务对象为导向的指标设计理念，站在服务对象的角度来考虑指标的构成，注重差异性指标和共性指标的有机结合，考虑到绩效考评结果被各个部门所认同的同时，还按照可比性的原则，在同一类别部门之间设置了一些共性指标，以此补充和完善指标体系。例如，针对公安局等重要执法部门，设置了“在执法过程中是否做到公平、公正”等指标，针对组织部、政法委等权力部门，设置“是否廉洁自律”或“干部职工的生活情趣和生活品行如何”等共性指标（表4–5）。

表4–5　共性指标的设置

部门类别	共性指标的设置
重要执法部门	1. 在办事过程中，您认为××局机关工作人员有没有利用工作之便“吃、拿、卡、要”或牟取私利行为？ 2. 您对××局执法工作的公平、公正如何评价？ 3. 您对××局在行政执法方面的工作如何评价？ 4. 您认为××局在执法过程中是否做到不偏私、不歧视，公平、公正地对待每一位行政相对人？
重要权力部门	1. 您对××局机关干部遵守廉洁自律各项规定的评价是： 2. 在日常交往中，您对××局机关干部的生活情趣和生活品行如何评价？
办事窗口部门	1. 您认为××局工作人员在办事过程中是否做到依法办事、不越权、不推诿？ 2. 您对××局机关工作人员的服务态度如何评价？ 3. 您认为××局工作人员在解答咨询或处理业务时是否做到热情、耐心、准确？ 4. 您认为××局的办事效率如何，是否在规定或承诺的时限内办结完毕受理的事项？
审批部门	1. 您对××局机关干部遵守廉洁自律各项规定的评价是： 2. 您认为××局是否严格依照法律法规和相关管理权限，以及服务承诺办事，做到不越权、不推诿、程序合法，服务到位？ 3. 您认为××局的办事效率如何，是否在规定或承诺的时限内办结完毕受理的事项？ 4. 您认为××局是否在符合规定的前提下，做到简化审批程序或办理手续？

（续表）

部门类别	共性指标的设置
其他部门	1. 您认为××局干部职工的工作态度如何？ 2. 您认为××局的办事效率如何？

四、坚持考评内容的实用性和可操作性原则

实用性和可操作性原则是指问卷在实际执行过程中具备技术、经济、行政、法律、组织等方面的可行性和简便性。绩效考评是让服务对象来评价，因此首先必须保证指标是可评价、可衡量而且考评主体可以直接做出客观评价的指标，这样获得的考评结果才能成为制定绩效改善对策的依据；对于考评主体而言，指标过于抽象和笼统，会使他们作答时变得困难，例如在设计教育局第二条职责的考评指标时，既可以设计为“您对教育局在研究制订教育事业发展规划、年度发展指导性计划，并协调、指导实施工作方面如何评价”，又可以设计为“您认为教育局在安排部署工作时是否充分考虑基层（学校）的实际情况和承受能力”，但两者相比，显然后者更容易被群众理解和接受。在设计评价选项上，鹤山市是通过具体、实际的工作形式表现出来的。如根据公安局的职责，拟了解社会各层面对“公安交警部门在维护道路交通安全和交通秩序的工作方面”如何评价，则设计如下选项：“A．满意，公安交警经常在路上执勤，交通安全，道路顺畅；B．基本满意，交警基本上路执勤，道路基本安全，交通基本顺畅；C．不满意，交警经常不在路上执勤，交通混乱；D．不了解”。四个评价选项是依照满意程度递减的次序进行排序，并通过群众平时耳闻目睹的情景表现出来，这样更便于考评主体了解和选择。

考评问卷的指标数量不能太多、太长。现在很多部门绩效考评调查问卷设计较为复杂，如某市设计的一份绩效问卷有33条考评指标，每条指标下设5个评价选项，而且必须对所有问题作答后才能有效。调查问卷过长，很难取得考评对象的配合。一般来说，一个比较适中的调查问卷尽量控制在一张纸的范围内（A4纸，双面印制），或保持在12—15个问题之内比较合适。因

此，鹤山市在设置调查问卷时，统一设计为13条问卷指标，其中主要职能工作的指标有9—11条，公共性指标1—2条，第13条统一设计为："您对××局的工作还有哪些意见或建议？"此外，还应注意指标在整份考评问卷中的排序，一般来说，总体评价类的指标要放在后面。先让被调查人员回答完单项评价类指标后，再选择综合评价，这样调查结果更为全面准确。如根据教育局第一条职责制订的指标"您认为教育局管理全市各中小学总体的效果如何？"则放在问卷的最后位置。

鹤山政府绩效管理的公众参与极大地体现了政府执政为民的理念，有利于引导和强化政府增强服务意识和构建服务型政府，进一步畅通民意表达的渠道，疏导民意，把组织评价和公民评价结合起来，把群众意愿更好地体现在干部评价之中，提升绩效评价的科学品质和社会认可程度。

第五章

鹤山政府绩效管理特征

开展政府绩效管理，必须在科学理论的指导下，借鉴各地先进经验，结合本地实际，建立科学、客观、可操作性强的绩效评价体系，形成组织健全、方法可行、运转协调的工作机制和管理特征，督促政府改进工作作风，重视绩效，不断提高部门的管理水平和工作效率，增强服务意识，促进责任型政府、服务型政府、法治型政府、诚信型政府的建设。经过多年的探索和实践，鹤山政府绩效管理基本上形成了自己的特色，积累了很好的经验，取得了良好的社会效应。

第一节

鹤山政府绩效管理组织特征

一、政府绩效管理组成结构的综合性和整合性

政府绩效评价的类型主要包括政府整体绩效评价、公共部门及跨部门绩效评价、公共项目绩效评价和公共政策绩效评价等。具体到县级政府而言，其辖下既有作为一级独立政权体系的乡镇政府，又配置了一整套党政机关工作部门。镇级政府处于地方政府体系的最低层级，执行上级行政命令和服务当地社会是主要职能，在经济工作和社会管理上履行相对微观的职责，因此，绩效考核评价体系应当体现镇级政府的特点。县级党政机关工作部门承担着多样化的角色和行政职能，其业务类型千差万别，还要承担县域范围内的协调和统筹工作，因此，绩效考核评价体系应当体现党政机关工作部门的特殊性。正是县级政府的独特政情，使县级政府的绩效评价被赋予了极为丰富的内涵，具有体制、职能及评价方法的多样性与具体适用性，同时兼具评价标准的协调性和评价原则的统一性。鹤山在推进政府绩效管理的实践中充分考虑到这一实际情况，把辖下纵向横向的公共部门绩效考核评价有机结合起来，构建了全面立体的绩效评价体系。

二、政府绩效管理组织的专业性和规范性

鹤山在推行政府绩效管理中，成立专门的鹤山市政府绩效管理试点工作领导小组，对全市政府绩效管理工作进行总体部署。全面贯彻市委、市政府的各项决策和工作部署，积极开展创建“群众满意机关”活动，营造“讲

奉献、比贡献”的工作氛围，促使市直机关进一步加强和改进效能建设。同时，鹤山市以健全考评体系为抓手，不断拓展考评领域、丰富考评内容，在建立市直机关和镇级政府绩效考评机制的基础上，把绩效考评理念引入到最基层的村委会，推行农村干部实绩量化考核，促进各级行政部门进一步转变职能，提高行政效率和效益。鹤山政府绩效管理的这一延伸，有效地激发了村级干部的责任心和事业心，切实改进和完善了村级干部的考核评价制度，增强了农村基层党组织的凝聚力、创造力和战斗力，规范和加强村级班子建设，促进村级管理制度化、规范化。专门绩效管理机构的建立，不仅便于与各方沟通和联系以及各方信息的收集，而且使得评价结果更具可靠性和权威性。同时建立专业的绩效评价组织对各部门的绩效进行评价总结，形成有效的绩效测量，以达到对绩效信息的监督和控制，为绩效评价在政府部门的全面实践奠定基础。

三、推行组织上的权责一致，坚持考核的客观公正

绩效考核结果能够强化镇级政府的绩效管理责任，有“奖”有“惩”。与奖励措施相对应，鹤山建立了镇级党政正职风险基金管理制度，与他们的任期经济责任审计配套，增强镇级政府规范财务管理和提高工作效率的责任感。客观公正是绩效考评的灵魂，是考评公信力的根基。任何有效的绩效考评，都必须坚持确保客观公正的原则。客观公正的绩效评价主要包括三方面的内容：一是对受评单位进行科学分类。由于各个部门承担不同的业务职能，这决定了部门工作职能评判的差异性。对此，鹤山根据受评单位面对基层、面对群众的不同特征，将它们进行相对合理的分类。二是针对不同类别的受评单位采取不同的考评方式。鹤山采取了基层和群众考评、领导考评、上级对口部门考评等8种具有较强针对性的考评方式，由不同范畴的人员参与考评，相应地采取不同的数据收集方法，既保证了收集的信息具有更强的客观公正性，又力求达到群众满意、领导满意、上级满意的目的。三是引入第三方调查机制。通过聘请社会中介机构直接面对社会大众，对各部门职能完

成情况、工作的效率、质量和态度等方面进行无记名测评，并独立进行数据的分析统计，确保了评价程序、方法和结果的公正性。

四、考评工作针对性强，注重平时考核，强化结果运用

考评工作针对性强主要表现在四个方面：一是以体现各单位主要工作职能和工作特点的精细化部门绩效调查问卷的方式设置考评内容。评价内容科学具体，群众看得见、摸得着，方便评议，确保了评价的精确度，减少了模糊度。二是扩宽收集群众评价的渠道。根据不同的考评方式与考评对象、考评目的和考评内容相匹配的原则，采取了上级考下级、下级考上级、聘请社会监督员考评、政府内部职能部门互评等多种方式，全方位多角度地进行考评。三是全面准确地采集数据。根据不同的评议方式，由相应范畴的人员按照不同比例进行数据采集。同时，充分运用网络和信息技术，尤其是信息产业局设置的网上投票自动统计系统以及纪委监察局的行政电子监察系统，实行实时监控、定量考核、全程管理的数字考评，实现绩效考核的动态化、定量化和现代化管理，提升机关工作管理的精准度和有效性。四是建立激励机制，按照责、权、利相一致的原则，鼓励争先创优、多劳多得，杜绝“做多错多、做多做少一个样”的现象。

同时政府绩效考核注重平时考核。绩效考评的最终目的，是将考评的指标和导向转化为机关工作人员的日常行为，形成自觉自为的绩效文化，最终实现绩效考评的“无为而治”。因此，绩效考评并非仅仅是“年终算账”，更是重在“平时锻炼”。部门绩效更多是通过工作人员在日常的工作中表现出来，群众对政府绩效的切身体验也取决于部门的平时工作。平时通过网络考评、窗口部门现场考评、党代表考评、人大代表考评、政协委员考评、企业和群众代表考评等多种方式，以及通过明察暗访、电子监察、投诉扣分制度、信访部门督办、监察部门日常查处，市委办和市府办对重大事项督办反馈等途径对各部门及其工作人员进行经常性的考核并记录在案，以此促进机关部门工作的认真细致、精益求精。年终考核亦通过两种途径来实现：一是

民主测评，在受评单位全体工作人员的范围内，对领导班子成员的德能勤绩廉等情况进行书面评议，并量化打分；二是由市委统筹年终所有检查评比工作（主要包括精神文明建设、党委党组中心组学习、社会治安综合治理和维护社会稳定、计划生育、党风廉政建设、领导班子建设等21项工作），集中相关职能部门组成综合考核小组，按照考评标准统一时间对受评单位进行考核，坚持以平时考核为主，年终考核作为辅助。年终考核只是对受评单位开展工作的一种年终例行检查，从实质上说是对平时考核结果的确认，从而避免了年终考核形式主义倾向。鹤山市通过不断加大日常的监督和考核力度，将部门的注意力由偏重年终考核引导到注重平时考核，增强了考评工作的有效性。

在结果运用上，绩效评价体系是政府行为的一根指挥棒，具有导向功能。任何一种绩效指标的设定，考核评价的实施都决定着政府行为的具体趋向。[1]机关绩效考核能否真正发挥作用，某种意义上要由考核结果能否得到合理有效运用来决定。合理有效地运用绩效评估结果，可以促进服务型政府、责任政府、法治政府、廉洁政府建设。以结果为导向的鹤山镇级政府整体绩效考核评价办法是一种典型的事后考核评价的方式。通过考核评价镇级政府工作的最终成效和结果，有助于从根本上检验乡镇政府在履行职责方面的有效性，从而引导政府科学制定工作规划，改进工作流程，提高工作的效益、效率，最终实现政府的管理目标。以结果为导向的市直部门绩效考核十分关注各部门职能的最大限度的履行和发挥，更看重各部门如何切实提高社会管理和公共服务的能力和水平，比实绩，比贡献，从而激励各部门“争先创优”，实现将评价结果与加强和改进政府工作的结合。考核办法体现了以结果为导向，尽量减少或弃用过程控制的指标。与建设服务型政府的大背景相适应，考核工作尽量不考核管理过程，而是用实际的结果和为实现目标而付出的成本来评价政府绩效，促使政府职能的转变和有效行使，规范行政行为，从而形成党委领导、政府负责、社会协同、群众参与的社会管理格局。

[1] 陈爱金. 从乡镇政府绩效考评看其职能发挥 [J]. 云南行政学院学报，2005（5）.

第二节

鹤山政府绩效管理目标特征

设计科学的绩效评价体系，是开展政府绩效管理工作的基础。要改变单纯追求经济增长、局部利益、眼前发展的观念，关键是注重绩效评价体系的全面性和综合性，合理确定评价目标。在体系设计上，既要重视经济指标，更要重视社会指标、人文指标、环境指标；既要关注城市发展，更要重视农村发展；既要考虑当前利益，更要重视可持续发展。通过科学设定政府绩效管理目标，推动政府部门加快转变管理方式，全面履行经济调节、市场监管、社会管理、公共服务职能，促进社会经济全面、协调、可持续发展。

鹤山政府绩效管理目标更具多元性，坚持服务大局的目标理念，贯彻可持续发展观念，实施科学考评、合理运用结果。在政府绩效管理目标设定上，鹤山突破了"目标考核"的做法。传统的目标考核单纯以上级部门和领导的意志为导向，年头向各部门、镇下达各项社会管理、经济发展的目标，年底打分排名、评先评优。这种模式操作起来相对简单，对加强目标管理，提高政府的工作效率产生了较大的促进作用。但在长期的实践过程中逐渐暴露出越来越多的问题：其一，目标的设定是一件非常复杂的系统工程，要考虑诸多因素，而一般的实际操作大多由领导干部凭借主观判断，拟定一个标准，其科学性和客观性大打折扣；其二，过分依赖主要业绩指标数据，容易误导政府行为。如刑事案件的案发率越高，在常理上也就意味着政府的治安绩效就越低，容易导致有关部门有意减少立案。况且主要业绩指标数据都是政府部门内部核定，缺乏外部监督或更专业的机构来确认，导致目标的错位。有鉴于此，鹤山市将话语权交给了公众，并将核心业务指标与重大督办项目的完成情况结合起来，用"加减法"鼓励公共部门取信于民，最大限度地履行好部门职能。

在镇级政府绩效管理过程中，鹤山镇级政府坚持实事求是，也不仅仅给各镇下达任务指标，而是将当年各项指标的测量结果分别跟各镇往期和同期其他乡镇的指标测量结果相比较。其本质就是转变设置固定目标的刻板管理，采用灵活浮动的比较式的激励。尊重客观事实，尊重经济发展规律，经济发展类指标不设具体的任务指标，改变了对镇（街）考核“一刀切”的传统模式，对生态保护区的山区镇，经济发展的指标权重降低，而社会发展、生态环境保护的指标权重升高。总体考核指标体系更加全面科学，转变设置固定目标的刻板管理，体现结果导向，不唯GDP，重“潜绩”，重经济发展的质量这种计算方式，起到较好的绩效分层作用，形成各镇绩效的区分度。纵比能显现出自身的发展进步速度，横比则不仅能反映出自身在群体中所处的发展层次，而且能够明显地辨识出自身的优势和不足。这样就使考评的结果既反映了工作成效，又发现了问题所在，找到了差距，进而可以更好地配置资源，改进工作流程，提高工作的效益、效率和效果，最终实现政府的管理目标。指标设计上，体现结果导向，客观科学地衡量镇级政府一年来各方面工作成效。一些经济指标之间相互制约，客观衡量镇级经济发展的质量与速度。计分方法上，着重抓好对指标数据的搜集和核查，运用存量绩效与增量绩效的理念，采用效率优先、兼顾存量的算法以及正向比较、逆向比较的算法，引导各镇在发展过程中重视经济发展的质量。

在公共部门绩效管理中，以创建群众满意机关为最终目的，鼓励争先创优，注重发挥绩效“风向标”和评价“指挥棒”的作用，引导和鼓励各部门和干部围绕职能工作，积极开展争先创优活动，真正体现服务全局、服从大局，推动跨越发展的目标。在指标导向上，突出争创最佳办事环境，营造“讲奉献、比贡献”的工作氛围。为此专门设立突出贡献嘉奖加分，明确奖励条件：受评单位在履行职责中实施的举措体现出首创性、突破性和先进性，在省内、市内产生重大影响并被江门市委、市政府以上领导机关肯定，在地市以上推广的工作经验，或争取到国家、省支持的，对全市社会经济发展影响大且完成任务难度大的项目，考核领导小组可提名嘉奖加分。实行嘉奖加分制度，体现了激励争先创优、改进工作作风的导向。在考评指标上既包含反映当地经济发展的指标，充分体现了以经济建设为中心；又包含体现关注民生和可持续性发展的指标，重点突出“公共财政”理念，引导镇级财政支出流向农村基础设施、支持农村发展和农村富余劳动力转移就业培训，注意经济发展与环境保护并重，让人民群众共享改革发展的成果。

第三节

鹤山政府绩效管理主体特征

考评主体是指直接或间接参与政府绩效考核评价过程的组织、团体或个人，可以是单个组织、团体或个人，也可以是多个组织、团体或个人联合组成复合型主体。县级政府辖下既有作为一级独立政权体系的乡镇政府，又配置了一整套党政工作部门。两者的职能具有显著的差异，考核评价不能“一刀切”，因此，鹤山政府绩效考评体系分别设置了镇级政府整体绩效考评体系和市直公共部门绩效考评体系两套方案。镇和公共部门两套考评体系均采用360度考评法，即多视角考评（或称多主体考评）。因此，鹤山政府绩效管理主体具有自身鲜明的特色。

其中，镇级绩效考评由组织部门牵头，全市大部分部门直接参与提供并审核数据，干部和群众、企业主代表参与测评和满意度调查。市直部门考评体系选取基层和群众、各级领导、综合检查小组、明察暗访检查小组等作为考评主体，实现党组织、政府、人大、政协、专业评估组织、社会和公众等多元考评主体的结合。

一、评价主体多元化

自2003年鹤山开始政府绩效考核的探索以来，在实践中不断调整和改进，充分调动政府绩效考核参与者的积极性，既有上级党委、政府的高度重视和组织实施机构的精心设计、有效协调，也有相关部门和考核对象的积极参与和大力配合，更有服务对象和百姓群众的有效参与。通过动员多主体参与政府绩效考评，传播了政府绩效的理念，传递了政府绩效信息，使政府绩效考评体系深入“官心”和“民心”，社会认同度高。

为保证绩效考评结果的公正性和绩效信息的丰富性，鹤山市采用了360度管理模型的理念，根据不同的考评方式与考评对象、考评目的和考评内容相匹配的原则，选取基层和群众、领导、综合检查小组等个人和组织作为考评主体，实现了政府、党组织、人大、政协、专业评价组织、社会组织和公众等多元考评主体的结合，对镇级政府和机关部门进行立体的考评，保证每个受评单位都能被多元的主体充分地评价到，从而在有限的时间和成本范围内确保绩效考评的公正性和科学性。镇级绩效考评由组织部门牵头，全市大部分部门直接参与提供并审核数据，干部和群众、企业主代表参与测评和满意度调查。在鹤山市部门绩效考评主体的选择上，采用选取基层和群众、各级领导、综合检查小组、明察暗访检查小组等作为考评主体，由广大网民，服务窗口现场办事的群众，镇基层对口职能部门，市四套领导班子，各部委办局主要负责人和各镇党政一把手，上级对口部门，市党代表、人大代表和政协委员，社区党员和群众代表，受评单位的全体干部职工以及由相关职能部门组成的年终综合检查小组等约1万人参与，考评的人员基本覆盖受评单位全部业务范围，全市大部分部门直接参与提供并审核数据，干部和群众、企业主代表参与测评和满意度调查，力求党组织、政府、人大、政协、专业评估组织、社会和公众等多元考评主体的结合。

二、突出公众地位

公众满意是衡量政府工作的最终标准。老百姓是政府绩效考评的重要主体之一，政府绩效管理应该摒弃“官本位”的思想，引入公众参与。鹤山市推行综合绩效考评，尤为凸显公众作为评价主体的重要地位，高度重视公众的合理诉求，其目的是希望通过政府绩效评价体系这一媒介，提高政府工作的民意回应性，切实增强各级干部的责任意识、服务意识与惠民意识。

只有当公共部门的公共服务被公众接受时，公共部门才有绩效。公民参与是现代绩效评价的应有之义，机关内部封闭式的考评方式是官僚体制的产物，从封闭转向开放、从上考下转向下考上、从官考官转向民考官是公共管理体制改革的必然要求，也是绩效评价增强科学性、客观性，保持可持续性的必然选择。在信息化的今天，公民参与的范围、参与的质量、参与的效果是判断绩效评价工作好坏成败的重要标志。公众对政府绩效有切身感受，因此也最有话语权。尽管群众评议也有一些不可避免的弊端，如对政府运作不大了解，而“尽管大部分民众确实不具备测评的专业知识，但作为政府的服务对象，他们更能深切地体会到政府管理活动的缺陷在哪里，哪些指标才是他们最在乎的，哪些方面使他们不能满意。从这个意义上讲，民众提供的不是专业知识，而是他们最直白的需要，而这些直白的需要，恰恰是政府最容易忽视的东西，也是现代政府建设中最有待加强的地方”。[1]这也就意味着“民心所向”可以在第一时间就强烈地影响到干部的政绩，从而有效地约束政府行为和激励公共部门及其工作人员扎扎实实地服务于公众，政府绩效评价的“终极目标”指向了“公众满意度”。

在公共部门绩效管理上，鹤山市机关绩效评价体系引入公众评议，满意度调查占到30%的权重，公众有了很强的话语权，打破了机关绩效主要以政府自身评价为主的状况，也有利于打破“官本位”的惯性思维。在实际操作中建立的“网上评议党政机关”网站、办事窗口现场考评、基层业务对口部门考评等一系列全方位、多层面、广覆盖的联系群众和服务基层的考评方式，充分发挥了全面真实地倾听群众的呼声，帮助党委政府完善决策、改进绩效的作用。在指标权重导向上，突出体现群众的满意度。通过公众评价，广泛听取群众意见，了解机关工作、机关干部在群众中的口碑，获取党政机关在效能建设方面的信息，找出管理和服务与公众需求的差距，引导和强化党政机关牢固树立“全心全意为人民服务”宗旨意识和构建“服务型政府”的思维模式，提高机关干部心系群众、服务人民的意识，进而提高党政机关的公共服务水平和社会管理能力，推动社会和谐发展。同时，公众满意是衡量政

[1] 高洪成. 政府绩效评估在困惑中前行. http://www.chinahrd.net/zhi_sk/jt_page.asp?articleid=49958

府工作的最终标准。老百姓是政府绩效考评的重要主体，政府绩效管理应该摒弃“官本位”的思想，引入公众参与。公众满意度的真实性取决于科学的抽样方法和调查方法。为此，鹤山提高满意度调查的样本量计算和抽样方式的精确性与代表性，力求减少模糊度。与传统的“万人评政府”不同，鹤山对公共部门的考评均采用精细化的调查问卷，根据部门的核心职能，设计通俗易懂的选择题方便群众评价。

镇级绩效管理也注重公众参与。很多情况下，干部习惯于对上负责，而较为缺乏对下负责的意识。“中国人相应地缺乏监督政府的动机与能力，而在这种宽松的环境下，政府官员也缺乏自律的冲动。”[1]鹤山打破惯性，在镇级实绩考核中引入民意调查——群众满意度测评，把镇政府工作置于广大人民群众监督之下。

三、注重相关政府部门的协同

在绩效管理过程中，鹤山注重多个部门共同承担和负责绩效目标体系。强调各级政府间信息相互沟通协调，注重政府职能中的综合性和协调性，责任目标工作的分解，充分发挥纪检、组织、监察、市府办、财政、审计、统计、信访等部门的职能作用，做到绩效管理工作机构统筹协调和各责任单位各负其责相结合，密切配合，在建立绩效制度、确定绩效目标、加强过程管理与监督检查、采集绩效数据、运用绩效结果等方面形成合力，确保绩效管理工作取得明显成效。

鹤山在政府绩效管理上的协同性主要表现在以下三点。一是注重纵向协同。纵向协同是上下级政府之间绩效管理的纵向协同，既不是上级对下级组织进行完全的控制，也不是完全放弃对下级政府的绩效监督，而是在平衡绩效目标、上下协调一致与适当下放管理权力之间建立有效的平衡。鹤山打

[1] 孟华. 政府绩效评估——美国的经验与中国的实践[M]. 上海：上海人民出版社，2006：144.

破传统以来的绩效管理的单向性，在绩效管理过程中，注重相关上下级政府间的协同，注重以结果导向的绩效评价，将镇级绩效与部门绩效整体联系起来，将组织整体绩效中可以承接或分解到下级单位的目标放入下级的绩效评价体系中，以实现上下级部门间绩效目标的一致性。引入考评方式，如引入基层对口部门考评，由镇干部群众为其上级业务对口部门进行考评。

二是注重横向协同。横向协同是注重政府同级部门间的相互协作。鹤山针对绩效考核，将绩效考核与市委、市政府及机关日常业务相结合、与全局建设相结合，明确各部门职责，充分发挥各部门职能协作与沟通的作用。引入公众满意度测评，加强部门间的相互协调，又发挥本部门职能的主体作用，将现行的政府绩效管理体系相互衔接。

三是注重政府内部的协同。政府内部的协同是基于绩效管理的整体性，鹤山将组织绩效与个人绩效挂钩，运用镇级党政正职风险绩效管理制度、个人责任制等，把政府绩效管理与公务员个人绩效考核和岗位考核相互衔接。

第四节

鹤山政府绩效管理技术特征

鹤山市积极创新，打造“鹤山特色”绩效管理新模式，综合运用信息网络技术，加大电子监察力度，强化绩效的过程监察，变“软管理”为“硬约束”，把政府重大工程建设项目、农村“三资”管理、食品安全、闲置土地处置等纳入考核指标体系，以科技构建风险防控屏障，有效推动政府绩效管理上新水平，进一步减少人为因素的影响，提高考核结果的公信力。

政府绩效考核体系要发挥作用，必须既遵循政府绩效管理一般的原理，又要结合本地实际，具备自身的特色，各项考核指标必须客观公正。为确保各项考核指标客观公正，鹤山市通过座谈会、走访基层、约谈代表、网络征询、异地考察等方式，多方征询意见，让公众积极参与评议。同时，为全市考评指标体系构建注入新元素，如把经济提质、电子监察结果、农村“三资”管理、食品安全、闲置土地处置等纳入考核指标体系，使考评体系在兼顾全面、突出重点中更趋科学合理。鹤山政府绩效管理技术特征集中表现为信息化条件的改善。现代信息技术的飞速发展和广泛应用为政府绩效管理信息化提供了基础的技术条件。与传统考评相区别的现代绩效管理对评价与管理方式的电子化和信息化提出了更高的要求。政府绩效管理的深入开展和效率提高，工作量的大幅增加，评价结论效度和信度的可靠，评价结果决策支持作用的发挥，都离不开政府绩效管理的信息化条件的改善。

一、鹤山推行政府绩效管理信息化的宏观背景

评价技术的产生、发展与提高，使政府绩效评价不断从经验走向科学，增加评价结果的说服力。这里所说的技术环境是指20世纪50年代以来产生的

系统论、信息论、控制论为政府绩效评价提供的基础的科学理论和方法论依据，它改变了传统的评价思维。因此，政府绩效管理的信息化，从根本上为政府绩效管理模式带来革命性的转变，其价值取向和实现手段有别于传统的行政理念，反映了政府绩效管理的未来发展和变化趋势。尤其是20世纪90年代以来，以电子计算机技术、自动控制技术、通信技术为代表的现代信息技术的突破带来了政府绩效评价环境的急剧变化，引起了政府绩效管理系统的快速演进：一是科学技术迅速提升了政府绩效管理的科学品质，使其成为一个专业性很强的研究领域；二是政府绩效管理日益成为一个融合众多学科参与的研究领域，各学科领域的专家在评价活动中所起的作用越来越大；三是良好的技术环境能够使政府绩效管理根据现实的需要，向更高的水平迈进，不断创新和发展，增加了绩效评价结果的可靠性和有效性。

政府绩效信息化管理是加强政府业务运作的科学监管方式，加快政府一体化管理和服务的重要助推器。国务院第一次廉政工作会议指出，要积极运用信息技术，加快推进廉洁高效服务型政府建设。要建设高效、优质、廉洁的政府，关键在于运用现代网络技术，把政府管理和行政职能通过精简、优化、整合、重组后在互联网络上实现，打破时间、空间以及条块分割的制约。

2008年3月25日，国务院以电视电话会议形式召开国务院第一次廉政工作会议。会议要求积极运用信息技术，加快推进廉洁高效服务型政府建设，并对2009年广东省进一步加强电子纪检监察系统建设、着力建设综合型电子纪检监察系统、加快推进廉洁高效服务型政府建设工作做出明确的安排。

2009年3月，广东省效能和电子监察工作会议召开。会议提出建设全省电子纪检监察综合平台，提高依法行政管理水平和行政审批效率，促进经济平稳健康发展。

2010年广东省人民政府下发了《广东省电子纪检监察综合平台建设工作实施意见》，明确提出各地市要建设电子纪检监察综合平台，平台第一期共建设18个子系统，包括行政审批、行政效能投诉、信息资源共享、重点项目、行政执法、财政资金运行、四个专项基金、四个公开、四个要素市场等。分“省市集中建设”和“省市分级建设”两种模式组织实施。

近年来，鹤山经济社会发展虽然取得了很大成就，但也面临着一些突出问题和矛盾。从政府管理体制来看，经济发展方式的转变和社会发展的多元都对政府公共服务效率和质量提出了更高要求。而管理、服务、政策创新，体制、机制、规划改革，都需要确定方向、运用工具、借助平台。鹤山借助于信息网络技术，创造性地建设了电子综合监察系统、绩效考核管理信息系统和政务信息资源共享平台，探索出了一条以信息化绩效管理驱动服务型政府建设的发展之路。

为贯彻落实中央和广东省委、省政府电子监察工作指导精神，自2008年始，鹤山市以建设行政审批电子监察系统为切入点，探索建设电子纪检监察综合平台，加快实现行政行为和电子监管双向推进、监察结果与绩效管理相互关联的政府绩效信息化管理模式。近年来，鹤山市在构建由11个电子监察系统构成的电子纪检监察综合平台的同时，并通过鹤山市政务信息资源共享平台突破信息孤岛，把电子监察结果纳入鹤山市政府绩效考核信息管理系统，进一步推进了鹤山政府绩效信息化管理的进程，为构建阳光型政府做出了贡献。

二、鹤山政府绩效管理信息化的发展阶段

鹤山政府绩效管理信息化的探索，始于2008年电子纪检监察综合平台的建设。根据中共广东省纪委《关于印发〈广东省电子纪检监察综合平台建设工作实施意见〉的通知》（粤纪发〔2010〕11号）精神以及江门市电子监察工作部署，按照“总体规划、分步实施、重点突破、整体推进”的工作思路，自2008年起，鹤山市先后建立了行政审批、行政执法等11个电子纪检监察系统和1个视频监控系统，构成了现有的电子纪检监察综合平台。该平台的建成和投入使用，为鹤山市的行政监察、政府绩效管理工作注入了新的活力元素。

第一，建设视频监控系统。2008年起，鹤山市采取分类型、分阶段建设模式，先后在市国税局、住建局和外经贸局等21个部门的服务窗口安装了视频监控设备，有效规范了窗口工作人员的言行举止，提高了人员素质和服务

水平。

第二，建设8个电子监察系统。为推进制度、科技与绩效的有机融合，提高权力运行的透明度，提升政府绩效管理工作水平，2008年至今，鹤山市按照广东省、江门市电子监察工作的总体部署，采取“省市分级建设”和“省市集中建设”两种模式建成和投入运行了8个电子监察系统，并将监察结果与年终政府绩效考核挂钩。

第三，建设政府采购及产权交易电子监察系统。在土地交易和建设工程招投标电子监察系统基础上，2012年，鹤山市拓展要素市场监督领域，建设了政府采购和产权交易电子监察系统，实时监察了政府采购的业务运行情况和产权交易前、中、后及变更等环节，有效降低了公共资源交易的廉政风险。

第四，建设财政资金运行电子监察系统。为确保财政资金的阳光运行，2012年，鹤山市建设了财政资金运行电子监察系统，监察各行政事业性收费的收取过程、收费事项的减免等，以及用款计划审核、支付申请审核、资金支付、资金结算、“三公”等时限和过程监察，提高财政资金的使用效益。

第五，建设政务信息资源共享平台。2012年，鹤山市在整合现有各类电子政务信息资源的基础上，构建了统一的政务信息资源共享平台，以开通数据采集接口的形式，从全市各部门采集相关业务数据，经数据过滤整合后，形成政务公共信息资源库，为并联审批、涉税信息应用等电子政务系统提供底层数据支持，促进全市公共信息资源共享，增进部门间业务应用联通。

第六，建设政府绩效考核信息管理系统。为提升政府绩效管理电子化水平，2012年鹤山市建立了政府绩效考核信息管理系统。该系统包括市直部门绩效考评信息管理系统、镇级实绩考核信息管理系统和绩效考评结果子系统三个系统，以开通数据接口方式，采集考核部门数据，经考评办核准后上传系统统计、分析，最终得出考核结果。

三、鹤山政府绩效管理信息化平台的建设思路

政府绩效考核信息管理系统依托市电子政务平台，以鹤山市电子监察

系统、鹤山市市直部门绩效考评和鹤山市镇级实绩考核为基础，建立“鹤山市市直部门绩效考评信息管理系统”和“鹤山市镇级实绩考核信息管理系统”。在市直部门绩效考评信息管理系统中设置“指标管理”“数据报送”“数据审核”等模块，在镇级实绩考核信息管理系统中设置“镇级分类管理”“考核指标管理”和“分类指标权重维护”等模块，并结合市电子监察系统，定期采集和运用过程考核与结果考核的数据，以此提高考核数据的实时性和真实性。

鹤山市政府绩效管理信息化平台建设项目遵循“总体规划、统筹兼顾、分步实施”的原则，以行政综合业务和行政综合监察并行建设的模式，充分发挥信息系统作为行政业务和电子监察之间的纽带作用，实现行政行为和电子监管之间的双向推进。其总体建设思路如下：

1. 承上启下，充分利用现有资源

鹤山市自2008年起，推进了全市统一的电子政务应用支撑平台及一体化应用体系的建设，系统运行稳定，应用效果突出。近年来，还陆续建设了重点项目、行政综合执法、有形要素市场、行政效能投诉等多个电子监察系统，对促进政府部门行政效能的提升起到了显著作用。建设电子纪检监察综合平台能充分利用现有资源在同一个应用和技术体系内进行扩展，并逐步做好底层支撑框架的升级，让各系统在数据层面、应用层面互联互通，从而有效保证了项目的建设效果。

2. 扩大应用规模，拓展监察范围

在现有电子监察系统市、县、镇、村四级联通的基础上，继续扩大应用和监察规模，突出横向多点扩展，结合不同领域电子监察的建设特点和需求，在一个平台的基础上，以统一的标准不断拓展电子监察范围，做到有总有分，既有标准化又有个性化。在监察内容上，遵循广东省纪委和江门市纪委对电子监察的建设要求，逐步推进18个电子监察子系统建设，并达到系统间横向互联互通，数据纵向上传下达。

3. 完善体系架构，强化平台效应

继续完善鹤山市现有的综合电子监察应用体系架构，在一体化电子政务及电子监察应用建设、扩展和升级的基础上，构建“一网、两库、三平台”的基础体系架构。一网就是政务网，两库就是电子政务业务资源数据库、电子监察中心数据库，三平台就是电子政务应用支撑平台、政务信息资源共享平台和电子纪检监察综合平台。通过一网、两库、三平台的基础架构，为18个电子监察子系统的运行提供稳定的支撑体系。

4. 业务和监察双向互动，增强建设成效

秉承行政综合业务和行政综合监察相辅相成的建设原则，对于没有建设业务系统的，则需要构建相应的业务系统，从而保障各类业务数据的标准化、流程化和信息化，通过数据采集和处理，为电子监察系统提供完备的数据支撑；对于已经建有业务系统的，如财政资金运行、社保资金、住房公积金等，则通过信息资源共享平台的接口体系将其纳入电子监察范围，实现异构系统间的互联互通，形成业务和监察双向互动的机制，实时、动态地从业务应用系统中获取监察数据，保证电子监察的客观性、真实性、及时性和完整性。通过这两种途径，增强电子纪检监察综合平台对一体化电子政务的应用成效，从真正意义上将综合业务、行政监管和信息技术紧密融合。

5. 推行考评结果电子打分

为提高评估结果的客观性和权威性，建立绩效考评结果子系统。根据电子监察系统提供的实时数据和各主评单位提供的周期数据，经市绩效考评办审核后上传系统，由系统根据指标的不同权重自行打分及排名，最大程度避免人为打分的影响。此外，通过比较和分析被评单位近三个考核年度的得分及排名情况，促使被评单位加强内部管理，提升绩效水平。

6. 实施重点项目电子监察

运用电子监察的手段，把鹤山市财政性投资重点工程项目纳入市重点项目电子监察系统，对立项审批、勘察设计、招投标和资金管理等环节进行时限纠错、费用纠错、过程纠错和异常纠错。针对各类纠错情况，系统会自动发出预警和黄（红）牌警告，防止出现各类违法违规行为。同时把财政性投资重点工程项目的电子监察结果纳入政府绩效考核内容，以提升重点工程项目的考核过程化、管理数字化、数据动态化，增强绩效管理的科学化水平。

四、鹤山政府绩效管理信息化平台建设内容

鹤山在进行政府绩效管理实践过程中，突出考评手段的创新性，运用信息技术强化过程监察，减少人为因素的影响，逐步形成了科学规范、客观公正、公开透明、简便易行的电子监察绩效考评机制。2012年，鹤山市以省绩效管理试点工作为契机，推进政府采购、产权交易、财政资金三个电子监察系统和资源整合系统的建设，“三公”经费的支出也纳入公开监管的范畴，确保财政资金的阳光运行和信息的互联互通。同时，升级改造现有服务窗口的视频监控系统，把视频监控延伸至10个镇（街）的农村集体资产交易中心，促进市直部门和镇（街）工作透明化、程序规范化、服务优质化。另外，对财政性投资重点工程项目实施电子监察，重点监测工程的立项、用地、招投标等环节，倒逼项目审批、部门合力、节约资金。同时，探索加、减分制度，将电子监察及督查督办结果作为考核依据，推动重点项目的落实。2012年共有15个财政性投资重点工程项目进入了电子监察。同时，鹤山市还依托电子政务平台，分别建立了市直机关和镇级绩效考评信息管理系统，定期采集和运用数据。同时，推行电子化打分，提高考评结果的客观性和权威性。此外，通过比较和分析被评单位近三个考核年度的得分及排名情况，促使被评单位加强内部管理，提升绩效水平。具体说来，鹤山政府绩效管理信息化平台建设内容主要包括：

1. 鹤山市电子纪检监察综合平台

根据中共广东省纪委《关于印发〈广东省电子纪检监察综合平台建设工作实施意见〉的通知》（粤纪发〔2010〕11号）精神以及江门市电子监察工作部署，按照“总体规划、分步实施、重点突破、整体推进”的工作思路，自2008年起，鹤山先后建了行政审批、行政执法等11个电子纪检监察系统，构成了鹤山市电子纪检监察综合平台，借助现代科学技术的发展为执法监察、廉政监察和效能监察注入了新的活力。

（1）采取“省市分级建设”模式建设的5个电子纪检监察系统

第一，行政审批电子纪检监察系统。该系统采用不设行政服务中心的“虚拟一站式”结构建设，实现“行政审批”与“电子监察”双轨并行，具有全流程审批、实时监控、预警纠错、绩效评估、信息服务等功能，对具有审批职能的30个部门共364项行政审批事项受理、承办、审核、批准和办结等环节进行全过程的实时监控，对超时、违规等行为，系统自动发出预警和黄、红牌警告。2009年，鹤山市制定了《鹤山市行政审批电子监察预警纠错办法（试行）》，截至目前共处理6个单位9项红、黄牌警告业务。此外，鹤山市还采取月度绩效网上公布、半年绩效全市通报等形式，对纳入行政审批电子纪检监察系统的部门绩效情况进行排名，促使各职能单位重视系统的建设和使用。市行政审批电子纪检监察系统是鹤山市目前运行较为成熟的，功能较为完善的一个电子监察系统，近年来在江门市四市三区的绩效排名中一直名列第一。

第二，行政执法电子纪检监察系统。于2010年6月和11月分两批建成和运行。该系统全面覆盖了行政处罚、行政强制、行政征收、行政确认、行政给付等各类行政执法行为，但按照广东省的统一规划，现阶段只实施行政处罚业务的电子监察。目前，鹤山市共有30个具有行政执法权的部门共2 059项执法事项纳入系统进行实时、全程监察。2011年至今，市行政执法电子纪检监察系统共监控执法业务1 532笔，已处理1 448笔。执法部门通过采取上传执法文书扫描件、证据图片和现场照片等方式，使执法权力、执法过程和处罚依据更趋公开透明，执法资料更趋完整。

第三，重点项目电子纪检监察系统。于2010年6月建成。监察内容包括：项目审批、勘察设计、项目招投标、工程监理、概算执行、资金管理和使用、建设进度和合同执行等。涉及部门包括：市发改局、市招投标中心、项目承建单位和市财政局。对工程项目建设过程中出现的超期建设、超出预算、程序违规等异常情形，系统自动发出预警或黄（红）牌警。

第四，土地交易电子纪检监察系统和建设工程交易电子纪检监察系统。2011年下半年，鹤山市根据土地出让和建设工程招投标程序建设而成。上述两个系统主要针对要素市场交易过程中潜在的管理风险和廉政风险，对土地交易登记受理、招拍挂公告、挂牌、交易鉴证、网上公示等环节，以及建设工程交易过程中招标、投标、评标及公示等环节进行时限、金额及程序监察。2012年正式运行至今，土地交易电子监察系统共监察土地交易业务45笔，办结39笔，建设工程交易电子监察系统共监察招投标业务20笔，办结11笔。要素市场电子监察系统的建成，实现监、管、办“三分离”和交易场所、信息服务、交易规则和运作程序“四公开”，保证了土地出让及建设工程招投标的相关制度得到贯彻执行。

（2）采取“省市集中建设”模式建设的3个电子纪检监察系统

第一，行政效能投诉电子纪检监察系统。主要监察市行政效能投诉中心处理“关于全市行政机关、事业单位在执行政策法规、办事效率等方面”投诉件的全过程，系统使用者是市行政效能投诉中心。通过把主要环节的业务数据进行统计、分析和决策，并对投诉办理过程的异常情况进行实时监督和预警，推动行政效能投诉的处理，提升社会对政府部门的满意度。

第二，市扶贫、救灾资金电子纪检监察系统。对全市扶贫、救灾资金的拨付及落实情况实施电子监察。通过对资金申报、审批等业务办理过程和资金下拨、使用情况进行监察，确保项目申报、审批等业务的办理过程和资金流向透明化、高效化，保障扶贫、救灾资金及时、安全到位。2012年3月，鹤山市已移植上述2个电子监察系统，并按照省和江门市的工作要求，把2012年1月1日起发生的扶贫和救灾资金使用情况纳入电子监察，数据直接上传至省和江门市。

上述3个电子监察系统是由全省统一开发，全省统一使用和数据直接上报，系统数据必须准确、真实，发现系统出错或数据上报错误时，必须直接报省处理，地级以下无数据处理权。

（3）借绩效管理试点契机，拓宽电子纪检监察领域

第一，强化要素市场监察，降低廉政风险。要素市场纳入电子监察，有利于规范有形市场秩序，确保交易过程公开、公平、公正。目前，鹤山市已建成土地交易和建设工程招投标电子监察系统，下一阶段，鹤山市将拓展要素市场交易监督领域，建设政府采购和产权交易电子监察系统。其中政府采

购电子纪检监察系统涵盖了询价、公开招投标、竞争性谈判、单一来源采购等领域，实时监察政府采购的业务运行情况，在节约行政成本的同时，有效杜绝该领域可能存在的腐败问题。产权交易电子纪检监察系统主要是将交易流程、产权签证、资金结算交割、股权登记等业务过程纳入电子监察，对交易前、中、后及变更等环节进行实时监控、全程留痕，有效降低公共资源交易的廉政风险。

第二，监督财政资金运行，确保安全有效。根据上级要求，各级市纪委监察局要对年度人大会议审议预（决）算执行情况，以及预算单位财政资金预算与预算执行全过程特别是“三公”情况进行监察。鹤山市按照省要求制定了统一数据采集标准，建设财政资金运行电子纪检监察系统。该系统主要监察各行政事业性收费的收取过程、收费事项的减免情况等，以及用款计划审核、支付申请审核、资金支付、资金结算、“三公”等时限和过程，确保财政资金运行的安全有效。

2. 鹤山市服务窗口视频监控系统

2008年起，鹤山市采取分类型、分阶段建设模式，先后在市国税局、住建局和外经贸局等21个部门的服务窗口安装了视频监控设备，有效规范了窗口人员的言行举止，提高了服务人员素质和水平。2012年，为加强农村“三资”管理，对现有视频监控系统进行了升级改造，在全市10个镇（街）的农村集体资产管理交易中心增设视频监控点，对农村集体资产交易进行全程录像和实时监控，有效规范了农村集体资产交易秩序。

3. 鹤山市政府绩效考核信息管理系统

一是依托市电子政务平台，以鹤山市电子监察系统、鹤山市市直部门绩效考评和鹤山市镇级实绩考核为基础，建立“鹤山市市直部门绩效考评信息管理系统”和“鹤山市镇级实绩考核信息管理系统”。在市直部门绩效考评信息管理系统中设置“指标管理”“数据报送”“数据审核”等模块，在镇级实绩考核信息管理系统中设置“镇级分类管理”“考核指标管理”和“分类指标权重维护”等模块，并结合市电子监察系统，定期采集和运用过程考核与结果考核的数据，以此提高考核数据的实时性和真实性。二是推行考评结果电子打分。为提高评估结果的客观性和权威性，建立绩效考评结果子系统。根据电子监察系统提供的实时数据和各主评单位提供的周期数据，经市绩效考评办审核后上传系统，由系统根据指标的不同权重自行打分及排名，最大程度避免人为打分的影响。此外，通过比较和分析被评单位近三个考核年度的得分及排名情况，促使被评单位加强内部管理，提升绩效水平。

4. 鹤山信息资源共享平台

市政务信息资源共享平台（即资源整合平台）整合现有各类电子政务信息资源，构建统一的政务信息资源共享体系，实现数据资源全面整合和共享的电子政务基础平台。该平台以开通数据采集接口的形式，从全市各部门采集相关业务数据，经数据过滤整合后，形成政务公共信息资源库，为并联审批、涉税信息应用等电子政务系统提供底层数据支持，亦可通过数据发布及查询功能获取相应信息资源。该平台有利于促进全市公共信息资源共享、增进部门间业务应用联通，达到提升政府服务质量和水平、协助政府决策、创造经济效益等效果。

第五节

鹤山政府绩效管理的社会效应

由于深入推进绩效评价，鹤山镇级政府和市直机关注重效能管理，认真推进各项工作任务的完成，密切了党和政府与人民群众的关系，群众的满意度逐年提高，社会经济发展的环境明显改善，对建立和完善行为规范、运转协调、公正透明、廉洁高效的行政管理体系起到了积极的推动作用，提高了鹤山整体社会影响力。经过近10年的不断完善，鹤山市逐步建立了镇级政府整体绩效考核评价制度和市（县）级政府公共部门绩效考核评价制度，能够科学、全面和动态地把握绩效考核指标，体现结果导向与过程控制结合，在推进政府转变职能、提高行政效率、强化服务意识、实现人民满意等方面成效显著，取得了良好的社会效益。

一、注重管理创新，提高了行政服务质量和社会认同度

绩效评价是推动社会管理科学化的重要手段之一。近年来，鹤山以绩效评价为推手，着力创新行政体制，加快建设规范、高效、务实、清廉的服务型政府。简政强镇事权改革、预算执行动态监控改革、党代会常任制试点工作、基层纪检监察机构派出制度、市镇村三级综治信访维稳平台建设、县委权力公开透明运行试点等一系列措施的出台，体现了鹤山在政府管理创新方面的探索和试验。2009年12月，《县域政府绩效考核评价——鹤山实践》由中国统计出版社出版，这是教育部人文社会科学基金项目，是源自基层的原创性的研究成果。2010年10月，中国行政学会、全国政府绩效管理研究会授予鹤山“全国政府绩效管理创新示范点”。2014年6月，由人民日报人民论坛杂志社发起组织评选首届国家治理高峰论坛暨治理创新100佳优秀成果，鹤山

政府绩效管理模式入选“政府创新十佳经验”。

对社会管理而言，绩效考核评价具有明确的导向功能，有助于推动、引导政府社会管理理念和手段的转变，进而有利于建设高效、透明和负责任的社会管理体制。从新形势和新任务的要求来说，鹤山市与国内大多数基层政府一样，社会管理和公共服务职能仍然相对薄弱、社会事业发展仍然相对滞后、城乡区域发展仍然存在不平衡等现象，与行政管理体制、财政体制改革滞后是相关的。基于这种认识，在改革开放社会经济大发展的同时，鹤山市委、市政府高度重视政府行政体制的改革与创新。

同时实绩考核促使镇级领导班子树立科学的发展观和正确的政绩观。实行镇级实绩考核后，改变了个别镇“一手硬一手软”的做法，学会“十个手指弹钢琴”，各镇基本上都能以经济建设为中心，兼顾社会事务管理，重视服务质量，使当前工作与长远发展相结合。实绩考核客观上挤掉了历年来上报数据的水分，一定程度上克服了浮夸风现象，考核结果体现了镇级经济的速度、结构、质量、效益的综合水平。在招商工作上，各镇切实转变招商观念，变“招商引资”为“招商选资”，与加快发展、调整产业结构、提高质量效益有机结合起来，强化重大项目引进工作，使全市招商引资工作提高到一个新的水平，项目数量、投资金额、投资强度都有较大提高。现在，实绩考核给镇一个比较清晰的工作导向，各镇都把各考核指标具体分解到每一个工作人员，并把其在规定时间内完成目标任务的情况作为年终检查、评比、考核、奖惩的主要依据，使上级布置的各项工作得到较好落实。通过绩效“考评—反馈—整改—再考评—再反馈—再整改”的工作机制，有效推动各部门、各镇自觉强化行政服务职能、提高服务质量，及时处理群众反映的问题。根据华南理工大学广东省地方政府整体绩效评价课题组独立第三方的民调显示，群众对鹤山市委、市政府的信任度与满意率逐年稳步上升。

二、强化依法行政，较好地促进了机关效能的提升

机关绩效评价实施以来，政府职能发生了很大的转变和优化。市直机

关紧紧围绕依法行政、依法办事、依法审批的要求，合理确定自己的角色定位，清楚地认识本部门的职责功能，认真履行法定职责，依法进行审批，严格遵守行政审批过程中的“六个严禁”，避免了目前在一些地方政府部门存在的职能错位、越位、缺位等问题。

另外，干部的思想作风也得到了较大的转变。通过规范公务员公共服务行为，硬化制度约束，加强公务员队伍管理，适当将机关绩效考核结果与干部职工年度考核挂钩，与受评单位评优评先挂钩，与工作人员年终奖金分配挂钩，与干部选拔任用挂钩，从而激发了领导干部的工作热情，调动了立足本职、建功立业的积极性。机关干部队伍中长期积淀的观念滞后、思想保守以及形式主义、官僚主义等老大难问题得到较好的解决。部门责任意识、大局意识和创新意识明显增强，机关干部能够始终保持蓬勃的朝气和昂扬的斗志，把干事创业作为自己的愿望和自觉行为，做到在其位，谋其政，尽其职。在镇级政府绩效管理过程中，过去评估镇级工作单凭个别指标，难免有以偏概全的情况，实绩考核为制定镇有关政策和选拔任用干部提供了重要依据。通过科学的考核反映出各镇真实的发展状况，并提供足够的区分度，为今后根据镇级实际制定政策、加强管理提供了大量可靠的信息。同时，各镇之间通过公平的竞争排出名次，综合反映了镇级领导班子的执政能力，为奖惩、评价和使用干部提供了客观依据，有足够的说服力。

在2006年、2011年镇级换届考察中，鹤山把考核结果运用到对干部的考核评价中去，在召开换届考察动员会议前，把过去两年的实绩考核结果连同领导干部的述职述廉报告等材料发到与会人员手中，使与会人员能够比较清楚地了解各镇的社会经济发展状况及其在全市的排名，有助于他们综合判断、评价现届班子及其成员的工作成效和总体绩效。通过多年的绩效管理探索，鹤山市在干部队伍中逐渐形成了“工作好不好，实绩说了算”的氛围，在干部使用上为“黜退其幽者，升进其明者”提供标准，在生活上可以用适当的待遇留人，在工作上可以帮助干部查找原因，改善个人绩效，提高整体绩效。

三、坚持以民为本，有效地推进了社会主义和谐社会的建设

通过绩效的“指挥棒”作用，鹤山引导各部门牢固树立“以民为本、为民服务”的理念，深入基层，深入群众，把扎实开展机关作风建设落实到纾民困、解民忧的实际行动之中，有力地促进了社会和谐发展。

群众“答应不答应、拥护不拥护、高兴不高兴、满意不满意”是一切工作的出发点和归宿。鹤山市在绩效管理中引入群众满意度，一是为发现并解决民生问题提供了一种有效的工作机制。在考评过程中收集到的意见和建议，除了向受评单位反馈，促使其改进外，还经过严格筛选将群众反映的热点难点问题作为下一年市委重大督办事项、市政府年度考核目标任务、市委市政府其他重大事项、人大代表的议案和建议、政协委员的提案等进行布置落实。通过绩效管理工作机制，对基层和群众的评议意见做到了“事事有回音、件件有着落”。近几年征集到的意见和建议，基本上都得到党政机关的积极回应和有效解决，广大群众和企业成为最大的受益者。二是通过群众有序地参与公共管理和对党政机关的监督，并行使最大的评判权，引导机关站在公众的立场和角度看待公共管理追求的经济、效率、服务质量等指标，使机关各部门“眼睛向下”，有效地克服“官本位”，树立“以人为本”的执政理念。三是促进了社会事业的全面进步、各项公共服务体系的不断完善。各部门争先创优，如率先在江门地区实现城乡居民基本医疗保障一体化，城乡居民参保率超过99%；成功创建广东省教育强市，全市10个镇（街）成为省教育强镇；全面实现城乡免费义务教育，落实了中小学教师工资福利待遇“两相当”；城乡生活垃圾无害化处理全面推进，全市农村垃圾收集点覆盖率达95.6%，成为“广东省县域垃圾无害化处理示范县”，让改革开放、经济发展的成果惠及群众。

四、强调结果导向，有力地推动了社会经济又好又快发展

绩效的结果导向促使政府各部门紧紧围绕促进经济发展的中心任务，把

科学发展观的要求真正落实到经济建设、职能工作和政府考核目标任务的全过程，进而推动了全市社会经济的快速发展和增长方式的转变。

通过重点考核各机关部门贯彻鹤山市委、市政府的决策和工作部署，落实单位各项职能工作这些主要内容，强化了各部门的责任意识、法治意识和服务意识，使其变压力为动力，全面推进了各项工作的落实。几年来，鹤山市委、市政府相继推出的各种好事、实事项目得到全面完成，各项重点工作得到有力推进，一批民心工程深得人心，全市社会经济全面发展。产业集群进一步发展，先后被授予“国家火炬计划新材料产业基地”“中国印刷产业产业基地”“中国男鞋生产基地”和“中国水暖卫浴五金产业基地”称号。自主创新能力不断提升，获“全国科技进步考核先进市”称号。战略性新兴产业发展取得重大突破，现代服务业不断发展壮大，鹤山市现代物流中心成功纳入广东省物流业调整和振兴规划重点工程以及广东省现代产业500强项目，被认定为广东省现代服务业集聚区。实践证明，鹤山十年绩效管理的实践探索有力地推动了鹤山的社会经济科学发展。

五、改进工作作风，促进社会形成良好的竞争环境

绩效管理使各镇政府形成你追我赶、不甘落后的良性竞争局面。通过实绩考核，各镇政府部门的公务人员都找到了工作中的优势和不足，明确了努力方向，并在今后工作中自觉制定规划，提高管理水平，促进镇级各项工作不断上台阶。各镇在考核结果上得分比较接近，使排名靠后的镇看到迎头赶上的希望，也使排名居前的镇感受到压力，对工作不敢丝毫松懈，形成了良性竞争局面，有效推进镇级各项工作的开展。

此外，绩效管理的推进对于公职人员个体也形成了良性的竞争激励机制。绩效管理注重发挥绩效“风向标”和评估“指挥棒”的作用，引导和鼓励各部门和干部围绕职能工作，积极开展争先创优活动，真正体现服务全局、服从大局，推动跨越发展的目标。在指标导向上，突出争创最佳办事环境，营造“讲奉献、比贡献”的工作氛围。专门设立突出贡献嘉奖加分，明

确奖励条件：受评单位在履行职责中实施的举措体现出首创性、突破性和先进性，在省内、市内产生重大影响并被江门市委、市政府以上领导机关肯定，在地市以上推广的工作经验，或争取到国家、省支持的，对全市社会经济发展影响大且完成任务难度大的项目，考核领导小组可提名嘉奖加分。实行嘉奖加分制度，体现了激励争先创优、改进工作作风的导向。

第六章

鹤山政府绩效考核评价结果应用

政府绩效评价结果是对评价对象绩效状况的描述，根据评价对象的不同而各有侧重。通常以评价报告为表现载体，以评价指标体系、专家评价意见与服务对象满意度为具体表现形式。政府绩效评价本身并非目的，只是一种政府管理的手段，其目的是使政府自身和利益相关者更全面地了解政府职能的履行情况及其存在的问题，在此基础上有效地使用评价信息，使人们反思过去、思索现在、计划未来，在理性的反思基础上做出明智、客观的判断，以便总结经验、吸取教训，科学地规划未来的行动，不断地改进绩效。因此，没有评价结果的应用，地方政府绩效评价就不可能实现其自身的目标。

第一节

鹤山政府绩效考核评价办法中的结果应用

一、政府绩效评价结果应用的必要性

从理论上看，评价结果的应用是政府绩效管理过程中的重要环节。政府绩效评价的目的是促进政府管理能力的改进与提升，要达成这一目的，评价结果的应用是前提和关键。评价结果可让被评价的组织和个人既看到成绩也看到问题，并找到问题的原因，对于上级部门来讲它又是对考评对象奖优、治庸、罚劣的依据。如果评价的结果得不到有效的应用，它不仅不能发挥应有的积极作用，反而会使绩效评价流于形式，既劳民伤财，又严重破坏政府的形象。在政府管理过程中，没有开展绩效评价之前，政府之间对绩效的差异缺乏了解，信息的缺失导致对激励追求的欠缺，谁都可能认为自己是最好的，最终失去了对整体绩效改进的动力。因此，绩效评价结果就像价格信息的功能作用一样，向各级政府和部门传递政府绩效差异的信息。

同时，政府绩效评价的“结果导向”理念就是要面向结果，强调目标实现程度和管理的实际效果，符合政府绩效管理本身的要求。因此，“结果导向”的理念决定了政府绩效管理的真正目的是通过结果应用改进绩效。

从现实来看，绩效评价是政府管理创新的重要方式和手段。但目前我国政府绩效评价发挥的作用有限，其关键在于评价结果的应用不到位，没有把绩效评价的结果与评价对象的利益结合起来，难以增强评价主体和评价客体贯彻执行评价制度的自觉性和主动性。具体说来，加强政府绩效评价的结果应用，一是有利于正确引导绩效预算，促进财政资金的有效利用，给绩效预算改革提供一种新的思路；二是根据绩效评价结果进行地方政府人事制度改

革，应建立绩效评价的激励与反馈机制，使政府部门真正产生改进绩效的长久驱动力；三是通过绩效评价结果的比较功能，实施标杆管理，对评价过程中的典型加以推广，形成强大的示范效应和压力，促进落后个人及部门为改进绩效而不断努力；四是基于公众满意度的绩效评价可以巩固政府行政的合法性及合理性，以绩效结果为导向，实现公共服务市场化，提高公民的满意度，真正建立起服务型和效能型政府。

二、鹤山政府绩效考核评价办法中的结果应用

鹤山市的政府绩效评价结果应用较早摒弃了“目标期望值”的做法，在镇级政府整体绩效评价方面，不再给各镇下达任务指标，而是将当年各项指标的测量结果分别跟各镇往期和同期的其他乡镇的指标测量结果相比较。其本质就是转变设置固定目标的刻板管理方式，采用灵活浮动的比较值式的激励。纵比能显现出自身的进步速度，横比则不仅能反映出自身在群体中所处的发展层次，而且能够明显地辨识出自身的优势和不足，使考评的结果既反映了工作成效，又发现了问题所在，找到存在的差距，进而可以更好地配置资源，改进工作流程，最终实现政府的管理目标。在绩效评价指标设计上体现结果导向，可以客观地衡量镇级政府一年来各方面工作成效。一些经济指标之间相互制约，有助于客观衡量镇级经济发展的质量与速度。计分方法上，着重抓好对指标数据的搜集和核查，运用存量绩效与增量绩效的理念，采用效率优先、兼顾存量的算法以及正向比较、逆向比较的算法，引导各镇在发展过程中克服短期行为，重视“潜绩”，重视经济发展的质量。

1. 鹤山市公共部门绩效考核评价办法中的结果应用

市公共部门绩效考评采用百分制。根据得分情况排列评定为“优秀”“良好”“一般”“较差”四个等次。

市公共部门绩效考评结果应用表现在以下方面：（1）考评意见和结果将作为领导班子调整和干部任用、奖惩、培训的重要依据。（2）年度绩效奖金发放。根据考评结果发放年度绩效奖金，对被评为“较差”等次单位的，

不得发放年度绩效奖金。具体发放标准另行制定。（3）干部年度考核。对获评为“优秀”等次的单位，班子党政正职可直接评为“优秀”等次，副职和其他工作人员按20%的比例确定“优秀”名额；对获评为“良好”等次的单位，班子党政正职可评为“优秀”等次，单位全体工作人员按15%的比例确定“优秀”名额；对获评为“一般”等次的单位，班子党政正职不能评为“优秀”等次，副职和其他工作人员按15%的比例确定“优秀”名额；对获评为“较差”等次的单位，单位所有工作人员不能评为“优秀”等次。（4）对被评“较差”等次单位的处理。一是单位领导班子须做深刻的自查，并向市绩效考评工作领导小组做出书面整改报告；二是市纪委、市委组织部对该单位党政正职和有关领导班子成员进行诫勉谈话或做岗位调整处理。处罚意见经市委批准后，送有关部门执行。

2. 鹤山镇级实绩考核评价办法中的结果应用

镇（街）实绩考核评价得分采用百分制。考核评价结果分“优秀”“良好”“较好”“一般”四个等次。“优秀”等次：得分在95分及以上；“良好”等次：得分在90—95分（不含95分）；“较好”等次：得分在85—90分（不含90分）；其他为“一般”等次。

鹤山镇级实绩考核评价办法中的考评结果应用主要体现在以下方面：（1）将考核评价意见和结果作为领导班子调整和干部任用、奖惩、培训的重要依据。(2) 根据考核评价结果发放年度绩效奖金。(3) 干部年度考核。对获评为“优秀”等次的单位，班子党政正职年度考核可评为“优秀”等次，副职和其他工作人员按20%的比例确定“优秀”名额；对获评为“良好”等次的单位，班子党政正职可评为“优秀”等次，单位全体工作人员按15%的比例确定“优秀”名额；对获评为“较好”等次的单位，班子党政正职不能评为“优秀”等次，副职和其他工作人员按15%的比例确定“优秀”名额；对获评为“一般”等次的单位，党政班子及成员不能评为优秀，其他工作人员按15%的比例确定“优秀”名额。

第二节

鹤山政府绩效考核评价结果应用的激励方式

考核评价工作的生命力在于对考核评价结果的运用，绩效奖励就是通过对党政领导班子和班子成员进行绩效考评，对表现优秀的领导班子和班子成员进行褒奖的行为，一般分为精神奖励和物质奖励。鹤山在深入推进政府绩效管理的过程中，非常注重结果应用中的奖励制度的落实，有效地调动了市直机关和镇级政府的积极性，推动了市直机关和镇级政府更加注重效能管理，认真推进各项工作任务的完成，密切了党和政府与人民群众的关系，群众的满意度逐年提高，社会经济发展的环境明显改善，对建立和完善行为规范、运转协调、公正透明、廉洁高效的行政管理体系起到了积极的推动作用。

一、政府绩效管理结果应用激励的必要性

由于政府内的资源即职务及其他利益具有稀缺性和竞争性，对大多数公务员来说，待遇提升等奖励是他们最需要的受鼓励方式，因此，政府绩效管理结果运用应更合理地使用激励机制。政府绩效管理结果应用的激励机制包括公务员提拔任用、通报表扬、考核评优、行政奖励等内容，奖励对象为被评价单位和个人。奖励一般以一年度为单元，坚持公开、公平和公正和精神奖励与物质奖励相结合，以精神奖励为主的原则。在此前提下，政府绩效管理结果应用的奖励应以客观事实和人们能接受的主观认可评价为依据。管理中的“公平理论”认为人们都有对公平的期望，一旦公平得不到保障，容易产生不满情绪，失去了工作的积极性。但单纯以个人的主观评价为标准容易使奖惩失去公正，挫伤员工的工作热情并使其产生抵触情绪。因此在实施政

府绩效管理结果应用奖励制度的时候，应建立科学的评价标准与指标体系并对组织流程实施控制，保证结果的客观公正。同时注重激励方式的多样化，适当引入增益共享、能力开发等新型激励方式，并将评价结果与精神激励相联系，如赞美激励、荣耀激励、休假激励等。同时要把个人激励和团体激励结合起来。

经济学认为，为了使市场经济有效地运行，厂商和个人都必须获得信息并对现有信息做出反应的激励。价格提供关于不同商品相对稀缺性的信息[1]。从这个意义上看，也可把政府绩效评价结果的激励看作是市场信息起到的作用。在没有开展绩效考核评价之前，当时镇与镇之间、部门之间的比较仅限于增长速度、一般预算收入以及部门下达的目标任务，可比较的指标少。信息的缺失导致欠缺对激励的追求，谁都有可能不知道自己的绩效状况，从而失去对绩效改进的标准和动力。

有比较就会有压力，向社会公开评价结果更加剧了这种体验。奥斯本和盖布勒在《改革政府》一书中认为：测量能推动工作；若不测定效果，就不能辨别成功还是失败；看不到成功就不能给予奖励；不能奖励，就有可能是在奖励失败；看不到成功，就不能从中学习；看不到失败，就不能纠正失败；展示成果，能赢得公众支持。与绩效联系在一起的奖惩机制加大了对工作人员的激励，考核评价为奖优罚劣、奖勤罚懒提供直接依据。一般来说，政府绩效管理结果应用奖励机制中，激励的方式可分为金钱的与非金钱的。金钱的包括加薪、分红或其他钱财的诱因，非金钱的包括称赞、增加责任、更多自由与授权。

评价结果应用应加强刚性，组织目标的修正，组织计划的调整，组织人员的奖升，都要以评价结果作为重要依据。作为政府绩效评价结果应用过程中的奖励机制，在上级政府选拔任用干部和其他奖励方面，会起到很好的标杆作用，促使被评价者不断克服缺点、学习先进、提高服务水平和内部管理水平，进而促使政府不断加强自身建设，改进工作方式和工作手段，不断根

[1] 约瑟夫·E. 斯蒂格利茨. 经济学 [M]. 北京：中国人民大学出版社，2001：29-31.

据社会发展的实际需求切实转变政府职能，锻造一个负责任的、透明的、人民满意的政府。

二、鹤山政府绩效考核评价结果应用的激励方式

按照实际运用情况，鹤山市对于镇级政府整体绩效评价的绩效结果采取政治激励、经济激励、风险激励。在工作实践中，借助激励的替代效应，结合实际情况有所选择地使用激励的组合方式，形成激励导向“组合拳”，确保绩效管理的实效性，以直接的利益关联和政绩评定把绩效评价的功能发挥落到实处。

1. 政治激励

政治激励就是政府绩效考评结果直接与所在部门、镇领导班子和领导干部的年度考核挂钩，与集体或个人的评先评优挂钩，并作为领导班子调整和干部任用、奖惩、培训的重要依据。领导干部的年度考核评定等次由绩效考评结果决定，同时规定在有关工作上被“一票否决”和落实党风廉政建设责任制较差的，该领导班子的考核评价等次相应降低一个等次，班子正职该年度不得评为优秀等次。推行政府绩效考核评价，通过政治激励，科学合理地考核评价干部，为选拔任用干部打下良好的基础，加强和改善干部队伍管理。考核评价结果应用不是给干部贴上优劣的符号和仅是给他们予以奖惩，而是为了激励他们改进工作、提高绩效。把干部政绩以得分的形式体现出来，并公之于众，坚持在考核面前人人平等的原则，对市直部门、各镇的党政班子能起到极大的鞭策作用。排名在前的要保持先进，排名落后的要缩小差距，争先创优。干部奋发向上的工作热情得到激发，形成了你追我赶、不甘落后抓发展的局面。

鹤山市通过考核评价，还相应建立“凭实绩用干部，凭实绩评先进”的机制，按照奖惩结合的原则分别进行激励，评选文明镇也是按绩效考核评价总成绩给予评定。因此，把考核结果应用到对政府的管理、对干部的评价之中，体现了考核的实际意义和价值。

2. 经济激励

经济激励就是设立绩效考核奖，根据公共部门绩效评价的结果确定发放机关干部绩效奖的等次，市直部门绩效考核结果与干部职工年度考核挂钩，与受评单位评优评先挂钩，与工作人员年终奖金分配挂钩。通过评价结果的持续运用，促使部门时刻关注自身工作的改进和工作绩效的提升，真正发挥评价的激励效应。

镇级政府则直接与绩效考核的分数挂钩，党政正职为人均绩效奖金额的两倍。由于各镇得分有高有低，因此适当拉开镇与镇之间的收入差距，体现了多劳多得、质优多得的分配原则。同时，各镇可以依据市的镇级政府绩效考核评价办法，结合本镇的实际制订对镇干部的工作实绩考核办法，对任务进行分解，落实工作责任制，改变了过去一些干部作风散漫、办事效率低下的问题，提高了队伍的管理水平。而且，考虑到镇级政府直接面对基层，社会管理、经济发展的任务重，因此收入上向镇倾斜，有效地激励了镇干部安心在镇基层工作，增强了凝聚力与战斗力，提高了工作积极性与执行力。

各镇根据绩效结果得分折算的人均绩效奖金额，在不超出本镇应发放绩效奖金总额的基础上，按照责权利相一致的原则，依各岗位绩效完成情况分配到工作人员身上，打破“大锅饭”的平均主义分配体制，体现多劳多得、绩效越高奖励越多，调动班子成员和全体干部的积极性。这种鼓励绩效的管理机制得到了镇干部的普遍认同，对形成以素质论人才、重实绩用干部的舆论氛围，激发干部不断增强工作责任感和进取心有着积极的推动意义。

3. 风险激励

风险激励是一种逆向考核激励，类似于风险性收入管理，是指人员必须完成组织要求的任务、工作，或在没有违反组织规定某些内容的情况下才能取得的收入，一般与经济责任挂钩。风险激励是在设立绩效考核奖的同时，建立镇党政正职的风险基金管理制度，由市财政局根据各镇党政正职绩效考核奖的10%为其预存风险基金。离任时根据离任经济责任审计报告，由市考评办对照离任者应负的责任，提出发放意见，经市审计联席会议研究确认后，提交市镇级领导班子实绩考核工作领导小组审议，才发还任期内累积的风险金。经确认未能圆满完成任期责任或部分指标数据不实的，按有关规定扣减离任人的风险基金，直至扣完。实践证明，这对镇级党政正职监督，促使领导干部转变工作作风，破除急于求成的短期行为思想，立足长远，确保当地经济社会的又好又快、可持续发展具有重要意义。通过设立风险基金管理制度，丰富了干部监督的形式和内容，形成纪律约束和经济制约相结合的双重监督机制，进一步丰富了干部监督工作的内涵，达到加强干部队伍作风建设，促进班子的党风廉政建设的目的。图6–1为镇党政正职风险基金离任扣减流程。

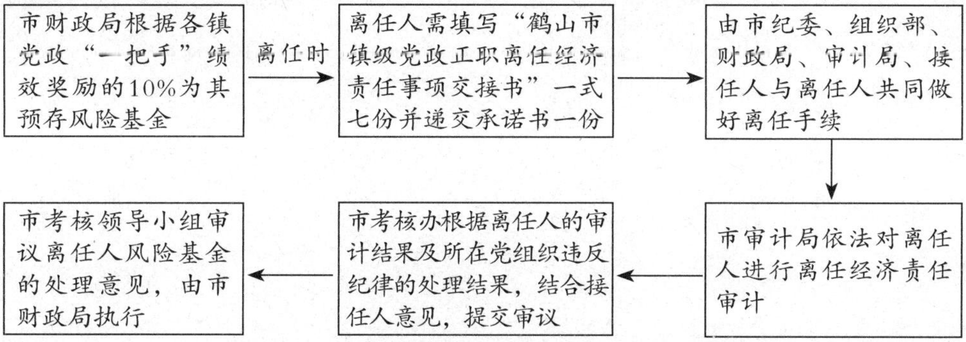

图6–1　镇级党政正职风险基金离任扣减流程

实践中发现，激励不足或过度激励都有可能带来负效应。激励越大，导致的不平等越严重。况且，随着激励的增加，边际绩效递减[1]。如何提供恰当的激励将是摆在现代行政管理面前的一个课题。在工作实践中，往往要借助激励的替代效应，结合实际情况有所选择地使用激励组合方式。

政府部门绩效考核能否真正发挥好作用，某种意义上要由考核结果能否得到合理有效运用来决定。为了保证考核工作的严肃性，树立正确的用人导向，鹤山市将部门绩效考核结果与干部职工年度考核挂钩，与受评单位评优评先挂钩，与工作人员年终奖金分配挂钩，与干部选拔任用挂钩，与下一年度政府考核目标任务的确定挂钩。

［1］边际递减原理：随着激励的后续添加的单位所增加的绩效会越来越少。

鹤山在推行政府绩效管理的结果应用中，很好地使用了激励机制，取得了良好的效应，表现在其有力地规范了政府行为，促进了服务型政府、责任政府、法治政府、廉洁政府建设和干部作风转变。但尽管鹤山政府绩效评价的结果应用取得了明显的成效，但由于还处于探索阶段，其结果应用过程中不可避免地存在一些有待完善的地方。在今后的探索中要坚持绩效考核过程从严，考评结果客观、公正的原则，认真分析各部门的绩效评价结果，通过对评价结果纵向和横向的对比，帮助各部门找出差距，明确努力方向。坚持激励与惩罚相结合，进一步促进评价结果与干部使用、绩效奖金发放等方面有机结合，灵活采取多种激励措施对绩效成绩突出的单位和个人进行宣传表彰，督促各部门切实抓好存在问题的整改落实，充分发挥绩效评价结果应用激励的促进作用。

第三节

鹤山政府绩效考核评价结果分析与改进

一、鹤山市镇级实绩考核评价结果分析与改进

1. 鹤山市镇级实绩考核评价的总体成效

（1）实绩考核促使镇级领导班子树立科学的发展观和正确的政绩观

实行镇级实绩考核后，改变了个别镇“一手硬、一手软”的做法，学会“十个手指弹钢琴”，各镇基本上都能以经济建设为中心，兼顾社会事务管理，重视依法行政，使当前工作与长远发展相结合。同时，实绩考核客观上挤掉了历年来上报数据的水分，一定程度上克服了浮夸风现象，考核结果体现了镇级经济的速度、结构、质量、效益的综合水平。在招商工作上，各镇切实转变招商观念，变“招商引资”为“招商选资”，与加快发展、调整产业结构、提高质量效益有机结合起来，强化重大项目引进工作，使全市招商引资工作提高到一个新的水平，项目数量、投资金额、投资强度都有较大提高。现在，实绩考核给镇一个比较清晰的工作导向，各镇都把各考核指标具体分解到每一个工作人员，并把其在规定时间内完成目标任务的情况作为年终检查、评比、考核、奖惩的主要依据，使上级布置的各项工作得到较好落实。

（2）实绩考核为制定镇有关政策和选拔任用干部提供了重要依据

过去评估镇级工作中单凭个别指标，难免有以偏概全的情况。通过科学的考核反映出各镇目前真实的发展状况，并提供足够的区分度，为今后根据镇级实际制定政策、加强管理提供了大量可靠的信息。同时，各镇之间通过公平的竞争排出名次，综合反映了镇级领导班子的执政能力，有足够的说服

力，为奖惩、评价和使用干部提供了客观依据。

（3）各镇形成你追我赶、不甘落后的良性竞争局面

通过实绩考核，各镇都找到了工作中的优势和不足，明确了努力方向，并在今后工作中自觉制定规划，提高管理水平，促进镇级各项工作不断上台阶。各镇在考核结果上得分比较接近，使排名靠后的镇看到迎头赶上的希望，也使排名居前的镇感受到压力，在今后的工作中不敢丝毫松懈，从而在各镇中形成了良性竞争局面，有效推进镇级各项工作的开展。

（4）逐渐规范镇级财务管理，促进党风廉政建设

实绩考核通过设置镇级财政监管制度执行情况方面的考核内容，落实各项监管措施，有效降低了过去镇级预算外资金数目较大，其使用和流向未纳入财政监管范围而造成的财政风险。更重要的是，通过考核，强化了镇级领导干部的经济责任意识。

（5）引入风险基金管理，加强对党政“一把手”的监督

引入风险基金管理，加强对党政“一把手”的监督是对党政领导干部从纪律约束向纪律与经济约束相结合的探索。一方面较好地界定离任、接任人的权利和义务，起到互相监督的作用，也有利于镇各项工作的健康发展；另一方面，有利于加强部门之间的沟通协作，进一步完善审计联席会议制度，定期通报、分析有关情况，形成干部监督工作的合力。

2. 鹤山市镇级实绩考核评价结果改进

乡镇政府绩效是由综合因素决定的，需要深化体制与机制改革，转变行政理念，为改进乡镇政府绩效提供良好的体制与观念环境。绩效管理的最终目的是要充分运用评估的结果，采取有力措施，进行绩效改进和提升。绩效改进是绩效考核后续应用阶段，是连接绩效考核和下一个周期目标制定的关键环节，只有搞好绩效改进，才能升华整个政府绩效管理工作的质量。从鹤山镇级政府开展绩效管理工作的实践看，我国乡镇政府绩效与其所依赖的体制与观念环境紧密相关，因此，必须加快乡镇政府体制改革，树立科学的发展观与正确的政绩观，为提高乡镇政府绩效提供根本保障。

（1）树立科学的发展观与正确的政绩观

科学的发展观与正确的政绩观是政府行为的根本指针，树立科学的发展观与正确的政绩观为真正提高乡镇政府整体绩效奠定先进的理念基础。因此，乡镇政府要按照科学发展观和正确政绩观的要求增强执政为民的意识，及时回应民众的正当要求；转变执政方式与发展方式，坚持依法行政，走全面、协调、可持续的发展道路，加强自身建设，在改善政府绩效、降低政府成本上做出更多的努力。

增强执政为民的意识，落实科学发展观和正确的政绩观，就必须按照《关于深化乡镇机构改革的指导意见》的职能定位，切实转变乡镇政府职能，贯彻落实党的路线、方针、政策，为乡村居民提供医疗、教育、养老、基础设施建设、环境治理、就业培训等公共服务，强化社会治安管理，维护市场秩序等，加强对乡镇政府社会管理和公共服务方面工作的考核，把群众满意作为考核乡镇工作的重要依据，引导乡镇政府把工作重点转到为农民和企业等经济主体提供各项服务与营造发展环境上来。

（2）完善公务员绩效考核评价机制，推动行政管理体制改革

2012年党的十八大及2013年新一届政府都提出，行政体制改革要进一步转变政府职能，建设服务型政府。2013年党的十八届三中全会提出，科学的宏观调控，有效的政府治理，是发挥社会主义市场经济体制优势的内在要求。因此，绩效管理改革也是顺应中央深化改革形势的需要，切实转变政府职能，深化行政体制改革，创新行政管理方式，增强政府公信力和执行力。目前，在十八届三中全会精神的指引下，以转变政府职能为核心的行政体制改革正在中国全面启动，这为建立公务员绩效考核评价机制、推动行政管理体制改革、促进镇级政府改进整体绩效指明了正确的方向。

一直以来，在政府绩效管理过程中，对公务员的考核是深化干部人事制度改革的难点。在行政管理上对公务员队伍的考核仍流于粗放型管理，更多体现在形式上，难以收到实效。虽然市场经济体系建立多年并日益完善，但一些地方政府人浮于事、分配上搞“大锅饭”的现象依然存在，在基层有种讲法，就是“三分之一的人拼命做，三分之一的人等事做，三分之一的人

看别人做”，十分形象生动地描述这种现象。对于企业来说，追求利润就是绩效，否则就会倒闭，绩效是企业生存的需要。但政府不同，现在公务员缺乏有效的考核评价机制，导致政府绩效的实现大打折扣。要提高镇级政府整体绩效，必须充分调动公务员队伍的积极性，利用镇级政府绩效整体考核评价的契机，认真分析各被考评单位的结果，通过对评价结果纵向和横向的对比，帮助找出差距，明确努力方向。坚持激励与惩罚相结合，进一步促进评价结果与干部使用、绩效奖金发放等方面有机结合，灵活采取多种激励措施对绩效成绩突出的单位和个人进行宣传表彰，督促各被考评单位切实抓好存在问题的整改落实，充分发挥绩效评价的监督作用。只有把考评结果转化为公务员绩效考核评价的动力，把绩效的压力向公务员个体传递，建立政府绩效考核评价与公务员考核、任用、奖惩有机结合的机制，才能实现公务员队伍的精细化管理，在干部使用上为“黜退其幽者，升进其明者”提供标准。

（3）进一步改进和完善指标体系，减少结果误差

指标是考核评价内容的数量化反映，是对政府的政治绩效、经济绩效、行政绩效、社会绩效、环境绩效的统计数据系统。就某一领域层而言，可以有若干个考核评价指标，这些指标依据一定的相关度而编排划定。指标体系只能突出反映政府工作的某些重要方面，不是对政府所有工作的完全描述。对不同的政府，可以参照同样的领域层评价，但指标却可以不尽相同。从这个角度讲，不同的指标直接得出不同的绩效结果。但指标不是造成这种误差的唯一因素。一般而言，考核评价指标体系、评价主体、评价程序、评价方法以及被评价对象都可能成为误差的源头。因此，需要从一开始就做好对误差的控制，尽可能得到能够全面、客观地反映真实绩效的最优方案，提高考核评价指标科学化水平。一是坚持定量和定性相结合的原则，进一步科学界定指标的可用性和可操作性，处理好共性指标与差异化指标的关系，提炼关键绩效指标，坚决摒弃不能反映部门绩效或者在对比反映部门绩效方面效果不明显的指标。二是在指标遴选阶段，要紧密围绕当前及今后一个时期对政府职能的要求对职能进行分解，并向专家咨询调查，将其作为遴选指标体系的有效依据。这种作业流程将最大限度地减少因个人喜好而干扰指标的因

素，在“现实职能”与“理想职能”之间找到一个平衡点。在权重设置的方法上，也应借鉴这种思路。三是在遴选指标的同时要合理界定指标的可用性和可操作性，考察指标数据来源是否可信，数据是否可获得。离开这一点，指标就会是“空中楼阁”，可望而不可考。四是评分标准设计，要进行评分标准的评估，对因指标数值微小变化而结果影响较大的评分指标，尽量不采用。五是加强监督，在操作上严格按规范流程进行，尽可能减少人为影响。六是在行政成本测算方面寻求突破，逐步引入行政绩效预算评价体系或绩效审计体系，通过预算或审计的角度加强各单位的绩效管理。

（4）发展经济，扶持“三农”，推进社会主义新农村建设

当前我国全面建设小康社会的重点难点在农村，农业丰则基础强，农民富则国家盛，农村稳则社会安；没有农村的小康，就没有全社会的小康；没有农业的现代化，就没有国家的现代化。因此，党的十六届五中全会提出了建设社会主义新农村的重大任务。这是党中央从全局出发，总结经济社会发展经验，分析农村改革发展形势，按照全面建设小康社会的要求，高瞻远瞩、审时度势做出的战略决策。建设社会主义新农村是解决“三农”问题的总抓手。镇级政府处于中国政权的末梢，直接面对广大农村。当前，地方政府要向服务型政府转变，镇级政府按照现有财税分成体制，在今后较长时期内将仍是地方公共服务的主要提供者。为实现这一目标，一方面镇级政府经济发展职能不能削弱，另一方面镇级政府要增强社会管理和公共服务职能。这对权小事大的镇级政府来说，需要主动适应：一是要在经济发展的质量和效率上下功夫。继续加大招商引资力度，盘活闲置土地，优化产业结构，保持经济增长的速度。二是推进基本公共服务均等化和城乡一体化建设，加强“三农”工作，增加对农村、农业公共设施建设的投入，把公共服务向农村延伸；加大“阳光工程”等农村劳动力转移就业培训和农村科技培训的支持力度，培养新型农业人才。三是发展经济与保护环境并重，避免走进“先污染，后治理”的发展怪圈，建设生态文明。

（5）注重民意，打造人民满意基层政府

“千好万好不如群众叫好，金杯银杯不如群众的口碑”。群众的眼睛

是雪亮的，只要用实实在在的工作成效来说话，老百姓就会为这样的政府叫好。因此，群众“答应不答应、拥护不拥护、高兴不高兴、满意不满意”是政府一切工作的出发点和归宿。人民满意主要是指人民对政府提供公共服务的数量、方式、质量以及提供者工作态度、作风的满意。人民满意的政府首先应该是民生政府，其他还包括法治、高效、诚信、廉洁，绩效管理等，让“人民满意政府”有个指挥棒，让政府知道应该做什么，不该做什么，让基层从繁重多头的考核中解放出来，把更多心思用到发展地区经济、搞好社会管理和服务上。在“人民满意”理念的指导下，把民意引入到政府绩效考核评价中去，畅通民意表达渠道，是提高政府科学决策水平和执政能力的需要，是打造人民满意政府的重要体现。当前国内一些地方曝光的群体性事件，正是反映了当地政府在群众中缺乏威信，群众对政府不信任，甚至敌对的一种态度。因此，要改善政府绩效，打造人民政府。一是要政府转变观念，不仅要对“上”负责，还要对“下”负责。二是建立民意表达的长效机制，通过听取各阶层群众的诉求，及时倾听群众呼声、反映群众意愿、集中群众智慧，广泛收集社会各界对社会民生问题的意见建议，为制定解决民生问题的政策措施提供科学依据。三是注重信息公开，及时回应公众的质疑，进一步改进政府形象。四是加快政府职能转变，努力建设有限责任的服务型政府。

二、鹤山市公共部门绩效考核评价结果分析与改进

政府绩效评价的目的在于发现绩效差距，为政府提高绩效提供参考依据。社会的发展离不开政府进步的影响，发展中的不足大多能从政府管理缺失中找到缘由。因此，综合分析鹤山公共部门绩效考核评价的结果，有利于发现政府部门管理过程中存在的问题，采取针对性措施改进部门绩效。正如前总理温家宝所言：“绩效评估是引导政府及其工作人员树立正确导向、尽职尽责做好各项工作的一项重要制度，也是实行行政问责制的前提和基础。有了绩效评估的结果，行政问责才有可靠的依据。”

1. 鹤山市公共部门绩效考核评价的总体成效

（1）推动了政府管理创新

绩效评价是推动社会管理科学化的重要手段之一。近年来，鹤山以绩效评价为推手，着力创新行政体制，加快建设规范、高效、务实、清廉的服务型政府。简政强镇事权改革、预算执行动态监控改革、党代会常任制试点工作、基层纪检监察机构派出制度、市镇村三级综治信访维稳平台建设、县委权力公开透明运行试点等一系列措施的出台，体现了鹤山在政府管理创新方面的探索和试验。

（2）提高了行政服务质量

鹤山在绩效评价中引入群众满意度，为发现并解决民生问题提供了有效的工作机制。通过绩效“考评—反馈—整改—再考评—再反馈—再整改”这一工作机制，有效推动各部门自觉强化行政服务职能、提高依法行政水平，群众反映的大多数问题得到及时了解和处理。根据华南理工大学广东省地方政府整体绩效评价课题组第三方独立的民调显示，群众对鹤山市委、市政府的信任度与满意率逐年稳步上升。

（3）促进了和谐社会建设

绩效管理的“指挥棒”作用，引导各部门牢固树立“以民为本、为民服务”的理念，深入基层，深入群众，把扎实开展机关作风建设落实到纾民困、解民忧的实际行动之中，有力地促进了社会和谐发展。

（4）推动了全市社会经济的快速发展

绩效的结果导向，促使政府各部门紧紧围绕促进经济发展的中心任务，把科学发展观的要求真正落实到经济建设、职能工作和政府考核目标任务的全过程，进而推动了全市经济的快速发展和增长方式的转变。

2. 鹤山市公共部门绩效考核评价存在的问题

通过对鹤山市级部门政府绩效评价的主体和过程的分析，我们发现绩效考核方式使政府部门能增强绩效与责任意识，并能促其努力满足公众的需求，从而提高公共服务的水平和质量。但在考核过程中还有很多问题和不足，必须对其进行补充和完善。

（1）考核标准不清晰

在评估过程中，由于考核范围大、时间紧，考核标准缺乏明确尺度和量化标准。各区、各市级直属部门自查汇报和监控部门的综合分析是在年底两个月内报送，其余的主体评价从被通知到评价都是在半个月内完成的。这样大范围的评估，在这样短的时间内完成，难免有部门出现应付的情况。其中，民主测评和民意调查就是在开评审大会时，到会的人员在有限的时间内填写很多评议表，其中有些人没经过认真思考就做出评断，更有甚者为了简单，随便填上一些内容就应付走人。另外，在民主测评表和民意调查表中，每项工作的评定和调查都是用优、良、中、平来衡量，这就忽略了在考评过程中多数是定性评价而非定量评价，这也给最后汇总和统计带来很大的难度。另外考评时具体到每个领导班子每名干部不好操作，加之受行业、职能、层次、地域、基础条件不同等因素的影响，难以分清班子与班子之间、干部与干部之间到底孰优孰劣，存在着“一绩多用”“多绩一用”等现象，这些都有可能严重影响考核的信度和效度。

（2）前期准备不充足

前期准备和人员培训不够，影响考核质量。由于时间紧、任务重，考核组对于部分评价主体缺少培训，这样导致很多问题的出现。其一，市级领导对下属部门考核评级时会出现晕轮误差，因为部门有一个突出的政绩就会忽略其他的不足，这次评估中给予它们优秀的评定；也有可能出现近因误差，因为这个部门上一次考核就是优秀，这次评估按思维惯性还是给予优秀的评定。其二，一些参加民主测评会各个环节的部门干部由于培训不够，可能出现对此次绩效评估的意义和目的认识不足的情况，他们在填写问卷时有的会应付，有的会做“老好人”，对自己的上级领导班子和其他部门给很高的评级，也有的把这次评估当作报复手段，对以前得罪过他的人给一个很低的评级。这样，也会直接影响考核的可信度和考核质量。

（3）公众评价分量轻

公众评价所占的比重很小，致使考核的民主成分大打折扣。前文提到的鹤山考核方案，我们发现在考核合计总分中，民意调查占的分值比重总体偏低。而且考核组各区选取企业代表和普通群众代表时的方式不够科学，未能采用随机抽样方法，而是相关部门去“邀请”的代表，代表性不足容易造成人民群众对考核结果的不信任和漠视。

（4）社会组织评价比例少

在社会评价方面，专家和社会组织参与程度不高，所占比例很小，削弱了综合评价分析的客观性、全面性，导致对班子和干部的评价，往往侧重于显绩而忽视潜绩。专家评估往往具有理论、学术和经验优势，来自某一领域的专家对该领域的理论与实践比较熟悉，具有一定的权威性。所以在政府绩效评估中，专家学者等专业人员的评估更细致、更专业。反观鹤山市的政府绩效评价过程，缺乏社会组织代表和各领域专家的足够参与，评价的专业性、全面性和民主性有待加强。

（5）评价结果的反馈执行力度不够大

鹤山考核方案中明确表示，在考核后，要对优秀部门进行表彰，对业绩排名靠后的部门和个人进行诫勉谈话或者予以惩罚，但在实际操作中我们发现后续的奖惩措施跟进相对缓慢，考核结果没有引起足够重视，考核结果也难以兑现。市委、市政府投入大量资源对市直部门进行考核，通过纵向横向的考核比较，让各部门明确自己的发展方向和目前存在的差距，目的是及时发现受评对象的缺点与不足，运用绩效考核这种手段，实现绩效的改正提升这个最终目的。如果考核结果不能按照考核方案及时兑现，会让评价主体对绩效评估产生不信任感，在以后的评估中敷衍应对。考核结果和运用脱节，使得绩效评估成为转形式、走过场，让考核的激励导向作用发挥不明显。

3. 鹤山市公共部门绩效考核评价结果改进

绩效评价为公务员薪酬、奖惩、晋升或降级提供了一套可靠的标准，其目的是提高公务员个人及整个领导班子的能力及持续地改进部门绩效，实现这一目的的途径就是绩效改进。绩效改进就是确认工作存在的不足和差距，按照考核标准对照检查，查明产生问题的原因，制定并实施有针对性的改进计划和策略，最终提高部门竞争优势，提高员工的能力和绩效。

鹤山政府绩效管理基本形成了全方位的绩效考核体系，它对改善鹤山市级机关绩效、提升公共服务质量发挥了十分明显的作用。但目前还处于探索的初步阶段，无论在理论还是实践操作方面都还存在着一些不完善之处。针对鹤山市级部门绩效评价结果中存在的问题，我们根据其性质从宏观、中观、微观三个层面分析评价结果改进的思路。

（1）宏观层面上，着力打造服务型行政文化，以绩效考核评价推动政府职能转变

行政文化是行政管理之魂。服务型行政文化要求政府各部门及工作人员必须以为人民服务的理念武装其头脑，并把这种理念转化为实际行动，而不只是停留在口头上。服务型行政文化要求政府切实倾听民声，了解民意，洞察群众需求，维护并增进民众的利益，始终做到以民为本。

在考核政府管理上奉行积极有位的行政政绩观是塑造服务型行政文化的基础。坚持把实现、发展、维护群众的根本利益作为发展的第一要义和衡量政绩的根本标准，把为人民服务作为人生最大追求，把实现好、维护好、发展好最广大人民的根本利益作为工作的最高目标，把人民拥护不拥护、赞成不赞成、答应不答应、满意不满意作为衡量政绩的最终标准。目前政府管理中政绩观的失衡使一些地方政府急功近利，更愿意把投入集中在立竿见影的基础设施和行政管理费用方面，而公共服务领域重视不够。由于种种原因，处于转型期的县级政府部门职能定位不清，使得考核结果仍存在一系列问题，只有转变政府职能，转变其价值理念，从根源上在政府部门内部形成一种含主动性、积极性、创新性、服务性的部门结构，政府绩效水平就会得到很大的提升，实现由“任务导向”向“绩效导向”转变。法国行政学者夏夫里茨和卢塞尔认为，绩效管理是组织系统整合组织资源达成其目标的行为，绩效管理区别于其他纯粹管理之处在于强调系统的整合，它包括全方位控制、监测、评估组织所有方面的绩效。从某种意义上说，绩效管理代表着组织全方面的管理工作，因为管理工作的目的便是提高绩效。[1]因此，绩效评价是面向组织效益的全方面管理，是一个收集绩效信息，进行绩效衡量，设

［1］付亚，许玉林. 绩效考核与绩效管理［M］. 北京：电子工业出版社，2004.

计与执行有效管理，推动绩效不断持续改进的整体活动和过程，与传统的行政考核和测评有着本质的区别。政府绩效评价是管理方式的巨大变革，涉及各项管理指标设计、人员观念转变、绩效管理制度构建、内外部协调、绩效实现监督等，其基本价值导向是“绩效”，包括效益、公共服务、财政、监督、公民满意等。因此，加强政府绩效管理和评价是转变政府职能的迫切要求及改进政府管理方式的重要手段，绩效评价在很大程度上为政府衡量特定职能的合理性和必要性提供了一个较为清晰的标准和尺度，为政府主动界定其职能提供了一个方向。因此，鹤山在今后的市级部门绩效管理过程中，在已有经验的基础上，应继续吸取国内外有关绩效评价的先进经验，以绩效评价推进政府职能转变，进一步完善以部门职能定位为基础，以工作绩效为导向，以实现公众满意为目的的公共部门绩效评价体系，真正实现改进绩效的目标。

（2）中观层面上，不断深化和完善政府公共部门绩效考核评价工作

结合中央在政府管理创新方面的要求以及政府绩效管理的发展方向，鹤山市一方面认真总结近十年来的实践经验，另一方面将坚持科学发展观，进一步解放思想、实事求是，不断深化和完善部门绩效评价工作。

具体来说，一是进一步改进和完善指标体系。坚持定量和定性相结合的原则，进一步科学界定指标的可用性和可操作性，处理好共性指标与差异化指标的关系，提炼关键绩效指标，坚决摒弃不能反映部门绩效或者在对比反映部门绩效方面效果不明显的指标；在行政成本测算方面寻求突破，逐步引入行政绩效预算评价体系或绩效审计体系，通过预算或审计的角度加强各单位的绩效管理。二是进一步完善绩效评价方式。继续深入宣传部门绩效评价的理念，强化“评价—整改—反馈”的工作机制，激发公众主动参与绩效评价的积极性；大力推进政府信息公开，保障群众的知情权和监督权，提高公众评价的准确度；提高直接获取部门绩效信息的手段，逐步引入电子绩效管理系统，实施绩效流程控制；进一步完善各种评价机制，搭建更加开放的公众参与平台，进一步提高公众参与的广度和深度。三是进一步深化绩效结果

运用。绩效考核过程从严，考评结果坚持客观、公正。认真分析各部门的绩效评价结果，通过对评价结果纵向和横向的对比，帮助各部门找出差距，明确努力方向，扬长避短地开展工作。坚持激励与惩罚相结合，进一步加大评价结果与干部使用、绩效奖金发放等方面有机结合的力度，灵活采取多种激励措施对绩效成绩突出的单位和个人进行宣传表彰，实现激励作用的同时起到榜样引领作用，督促各部门切实抓好存在问题的整改落实，充分发挥绩效评价的监督作用。

（3）微观层面上，加强政府工作人员的队伍建设，转变人员的价值观念

公务员作为政府部门最基础最主要的组成成分，是绩效管理行为的主体。政府制定合理的绩效管理指标后，人的因素影响到其实施的效果，因此在改进政府绩效评价结果中存在的问题时应有人才管理的绩效观。政府工作最终是通过工作人员来完成的，工作人员的素质高低将决定政府工作的效率和效益。要通过细化职位分工，加强对政府机关的组织、职位和工作分析，确定切合实际的人才引进政策，降低人才引进的成本，重视人力资源的培训，增加公务员培训，增加技能的使用能力，及时介绍新知识、新理论；改革工资分配方式，拉大工资级差，改革公务员的非领导职位，减少政府机关的压力；加强服务理念的建设，牢固树立公务员为人民服务的思想，加强行政人员完美品行的培育，强化政府工作人员的道德品行教育，切实打击各种不道德的行为，鼓励并提倡社会主义核心价值观，让政府工作人员切实做到权为民所用，情为民所系，利为民所谋，切实加强政府工作人员的队伍建设，为改进部门绩效奠定坚实的人力资源基础。

第四节

鹤山十年实践：趋势与展望

从实践上看，随着我国行政管理体制改革的不断深入，一些地方政府施行了形式多样的与政府绩效管理有关的行政改革和创新活动，努力推进政府绩效管理创新，取得了明显成效。但与西方发达国家的成熟实践相比，我国各地的政府绩效管理实践仍显得不够成熟。由于受制于传统管理思想观念的影响，鹤山市的绩效管理实践还存在需要改进的方面，需要在今后的实践中，依据政府绩效管理的现实特点和发展趋势，不断推进政府管理创新，进一步探索出适应社会主义市场经济发展的、有中国特色的县域政府绩效管理新路子。

一、鹤山绩效考核十年实践的特征

鹤山市的政府绩效管理工作从无到有；从仅关注干部业绩的个人考核到以组织为对象的绩效评价，从经验式的主观评判到客观评价体系的建立，从领导者自上而下的评价到政府绩效评价中的公民参与，在内容和重点选择、绩效指标体系设计、绩效评价程序和方法、绩效评价结果运用等方面都取得了很大的进展，在科学定位地方政府职能、推进公众评价、鼓励“争先创优”、注重公务员公共服务行为规范等方面做了有益的探索和实践，基本达到了各项绩效评价提出的目标，为探索适应社会主义市场经济条件的、有中国特色的县域行政管理体制改革与发展做出了特殊的贡献。

鹤山地方政府绩效管理在探索和实践的过程中形成了自身的特点：第一，坚持科学发展观，树立正确的政绩观，切实以公共利益最大化和公共服务价值最优化为地方政府绩效评价的基本价值取向；第二，实现绩效评价主体的多元化，贯彻市场反应、群众接受和上级认可三位一体的原则，充分动员人民群众的积极参与；第三，坚持实事求是，尊重多样性和变化的实际，针对不同地方、不同发展阶段、不同战略重点、不同价值取向应采取不同绩效评价方法，在保证总体绩效评价原则延续中动态把握评价实践的变迁；第四，着眼于整体的、协调的、平衡的绩效评价，以科学、效率和公开为依据，尝试多元化的评价手段以及与相关理论研究相融合，将地方政府绩效评价纳入到整个地方行政管理体制改革的统筹当中。

二、地方政府绩效评价的现实特征

以地方政府绩效评价的鹤山实践为基础，我们可以从中探寻我国地方政府绩效评价的几个主要现实特征。

1. 评价主体多元化

当前就绩效评价的主体而言，从考核项目的选择到评价内容、指标、标准的选择与确定，再到项目的实施过程的监督、业绩报告的公开透明，都越来越多地体现了广泛的参与性。在评价过程中，有公民和服务对象的广泛参与，有政府机关内部自上而下的评价，也有社会评价机构对政府绩效的考核。

2. 评价程序规范化

西方许多发达国家都以国家立法的形式严格规定了绩效评价的程序和方法，如1993年美国《政府绩效与结果法》、1997年澳大利亚《公共服务法案》和《财务管理与责任法案》以及2002年日本《政府政策评价法》等。绩效评价程序的规范化进一步完善了政府部门绩效的责任管理机制，使结果导向的政府部门绩效评价机制的确定性、科学性和可操作性得以保证。

3. 评价过程社会化

政府绩效评价是一种管理方法，更是一种推动政府负责任的有效机制。政府绩效评价的社会性要求绩效评价以公民为中心，兼顾市场反应、公民满意和上级认可，这种三位一体的性相要求是保证政府绩效评价的重要社会基础。

4. 评价标准科学化

政府绩效评价的指标体系纷繁复杂，其标准也具有易变性和变动性，因此，如何科学地把绩效评价与信息技术结合起来，通过信息技术和科学计量方法确保绩效评价标准的科学化，将是一个十分具有前瞻性的课题。

5. 评价业务专门化

专门的绩效评价机构具有组织性、统一性、规范性和强制性的特点。这不仅便于与各方沟通和联系以收集各方信息，而且使得评价结果更具可靠性和权威性。建立专业的绩效评价组织对各部门的绩效进行评价总结，形成有效的绩效测量以达到对绩效信息的监督和控制，从而可以为绩效评价在政府部门的全面实践奠定基础。[1]

三、地方政府绩效管理的发展趋势

近年来，中央政府高度重视政府绩效管理工作，特别是2011年，国务院建立了政府绩效管理工作部际联席会议制度，在全国开展政府绩效管理的试点工作、宣传和培训工作。据中央纪委、监察部绩效管理监察室统计，截至2012年年底，全国已有27个省（自治区、直辖市）不同程度地开展了政府绩效管理工作。鹤山市通过对政府绩效进行考核评价，促进经济发展模式的转变和政府办事能力的提升，提高了县域科学发展水平。但同时也存在一些值得商榷与完善的地方，如仍然突出体制内部的目标责任制考核，主要测量的是基层政府“正在做什么”，与“应该做什么”存在一定的距离；指标体系还带有一定的主观性，欠缺足够的说服力，一些共性指标在设置上仍受到传统考核观念的影响，在对比反映部门绩效高低方面的效果不够明显；评价的技术方法在操作层面上不够完善，局限于内部操作，公众对政府部门的工作职能、办事程序等基础信息普遍了解不深，对政府绩效评价的认知程度也不

[1] 杜娟. 我国地方政府绩效评估实践回顾与展望[J]. 黑龙江社会科学，2009（2）.

高，有时难免会产生部分公众回应热情不高或评价信息失真的情况；公众参与评价主要是网上评议、服务窗口拦截办事群众、向社区党员群众代表派发调查问卷等方式进行，直接获取部门绩效信息的手段仍相对有限，绩效考核的专业化程度还有待提高。结合中央在政府管理创新方面的要求以及政府绩效管理的发展方向，展望未来的鹤山政府绩效管理，应在以下几个方面进行新的探索：

1. 进一步深化行政管理体制改革，为推行科学的绩效管理创造环境和条件

政府绩效管理作为一种从技术层面改善公共行政、推动政府绩效的工具，具有非常重要的意义。中国在引入和借鉴这种先进管理理念时可能会遇到各种各样的问题，而其中最大的问题就是体制障碍。要借鉴国际行政管理的有益经验，改变目前对政府绩效考评职能不到位，权力分散在各个部门的状况，研究建立直属于政府的专门的绩效考评机构，统一集中行使对政府各部门及其主要负责人工作绩效的督促检查和总结评价职责。有关部门应将政绩考核作为政府有关部门的一项基础性、经常性的工作。要将考评结果与干部的选拔任用和奖罚结合起来。要大力推进政务公开，加强政绩评价的宣传和引导，建立科学考评政府绩效的氛围和环境，为社会各界评价政绩创造条件。

2. 统筹兼顾，突出指标体系中的社会管理和民生改善内容

科学合理的绩效指标体系是开展政府绩效管理的基础。在构建和谐社会的大背景下，党的十八大明确提出全面建成小康社会目标的新要求，对推进经济、政治、文化、社会以及生态文明建设做出一系列新的重大战略部署，要全面落实经济建设、政治建设、文化建设、社会建设、生态文明建设五位一体总体布局，促进现代化建设各方面相协调，促进生产关系与生产力、上层建筑与经济基础相协调，不断开拓生产发展、生活富裕、生态良好的文明发展道路。因此，地方政府既要关注经济增长，又要兼顾当地经济、社会、生态环境等方面的整体协调发展。目前，大多数省市地方政府绩效管理的评价内容已开始由侧重于经济发展转向兼顾经济发展、社会建设和公共服务等内容转化，关乎民生内容的比例逐步扩大。因此，在未来的政府绩效管理工作中，应逐步完善政府绩效评价指标体系设计的方向性，贯彻科学发展观的要求，在指标体系设计上统筹兼顾经济发展与公共服务，突出社会建设、生态文明建设等内容的权重，既要考虑当前又要着眼长远，体现政府职能转变的要求，合理定位政府绩效管理的范围，体现不同地区、不同部门、不同层级的差异和特点，真正引导地方政府将职能转变到服务型政府的要求上来。

3. 科学论证，健全政府绩效管理机制建设

建立健全绩效管理的机制和制度，指标才能落实。加强政府绩效管理的组织领导，进一步明确绩效考评的职责体系，捋顺各部门的职能关系，形成推进绩效考评工作的合力。要完善政府绩效评价方式，坚持内部考核与公众评议、专家评估相结合，平时考核与定时考核相结合。同时，规范绩效评价程序，加强绩效任务督察和绩效考核评价各个环节的任务建设。因此，地方政府在推进政府绩效管理工作过程中必须清醒认识到，先进的绩效管理理念需要有完善的绩效管理制度和具体细致的绩效管理环节的有力支撑，才能落到实处。因此，在未来的政府绩效管理过程中，逐步完善政府绩效管理机制建设，实现提升政府行政效能、提高政府执行力、改进政府绩效的最终目标。近年来，随着政府绩效管理工作的不断深入，各地方政府在完善政府绩效管理体系建设和系统优化方面进行了努力探索和科学论证，积累了很多经验，地方政府绩效管理工作正在朝着逐步完善政府绩效管理体系、促使政府绩效管理机制科学化和制度化的方向有序推进。在今后的政府绩效管理过程中，进一步构建和完善政府绩效管理机制建设，应从以下方面着手：一是完善政府绩效督导函制度。对电子民调系统收集的民意所反映出政府工作问题，通过调查核实，研究问题，以督导函的形式反馈给政府相关部门，督促其不断改进工作。二是建立政府绩效观察员制度。聘请人大代表、公民代表、政协委员等为政府绩效观察员，定期收集他们的意见和建议，加强对政府工作的日常监督。三是建立工作改进情况反馈制度，真正发挥政府绩效管理在推动政府工作持续改进中的作用。四是完善多部门参与事项协调机制，将协调事项完成情况纳入绩效管理体系。五是完善政府绩效管理立法，树立绩效管理工作的权威性和严肃性，推动绩效管理工作日益规范化、常态化和刚性化。

4. 扩大参与，引导公民有效监督和评价政府绩效

人民满意是衡量绩效管理工作的最终标准，必须不断深入开展公民评议活动，扩大民意搜集和民主测评范围，规范公众评议政府绩效的方式方法。为此，要进一步完善公众满意度的调查制度，加大公众在绩效评价中的分量，提高绩效管理体系的透明度和开放度，逐步做到考评内容、过程、结果公开，不断推进政府绩效管理的科学化、制度化和民主化。在我国，公民参与政府绩效评价工作已开展多年，越来越多的地方政府高度重视在政府绩效管理过程中引入公众评价，进行民意调查，公众满意度评价占总体评价的比例日益提高，一些地方政府甚至把公众参与评价的权重扩大到30%以上，杭州市甚至达到50%，公众参与政府绩效评价的人数比例逐步增加。鹤山市常住人口47万人，每年约有1.2万名社会各界人士参加镇级政府和市级部门的绩效评价，成为我国参与人口比例最大的县级市。同时，公众参与评价的途径增多，很多地方通过网站、电话、信函、入户调查、焦点座谈会、街头采访等多种形式拓展公众参与评估的渠道，对政府绩效改进形成强大的压力，拓宽了公民参与的渠道，切实提升了政府公信力。

5. 强化结果运用，确保绩效管理实效

国外政府绩效管理经验和国内政府绩效管理试点实践表明，政府绩效管理能否切实取得成效，绩效评价结果运用是关键，将政府绩效结果与自身建设结合起来，探索建立绩效评价与财务预算和项目经费管理相结合的机制，搞好公务员考核与政府绩效管理的衔接，强化绩效管理的激励和约束功能。近年来，各地方政府在开展政府绩效管理试点过程中，尝试通过通报批评、表扬、奖励、问责等激励措施，强化绩效管理的结果运用。一些地方将政府绩效评价与政府领导班子考核结合起来，把绩效评价结果作为干部晋升的依据，并尝试把绩效结果与部门财政预算挂钩，进一步加大绩效结果的运用力度。

6. 整合资源，保障绩效管理顺利开展

政府绩效管理牵扯面广，涉及众多部门和领域，因此，推进政府绩效管理必须整合各方面资源，切实保障绩效管理能够顺利进行。为有效开展政府绩效管理，充分发挥政府绩效管理的作用，目前很多地方政府加强了绩效

管理的相关资源整合：一是整合以前分散在各部门、各级政府的考核办法，实行扎口考核，既能提高绩效管理的工作效率，又能减少基层迎接各种考核的负担；二是建立上下级政府之间、不同部门之间的工作协调机制，互联互通、资源共享，协同解决工作中遇到的问题，提升行政效能和政府绩效；三是建立有效的绩效信息系统，将政府绩效管理与网上办事大厅、行政服务中心、公共资源交易中心、电子监察平台、对外服务窗口、行政审批等系统进行整合和对接，推行信息资源共享共用。有效的绩效信息系统能够节省信息重复采集成本，促进绩效实时比对，有利于动态监控政府绩效，随时发现问题和改进工作，提升政府执行力。

附录一

鹤山市镇级实绩考核评价实施办法

根据党的十八大精神和中组部《关于改进地方党政领导班子和领导干部政绩考核工作的通知》的要求，为贯彻落实市委、市政府的各项决策和工作部署，促进各镇（街道）加强效能建设和改进机关作风，推动经济、政治、文化、社会、生态文明建设的全面、协调和可持续发展，结合我市实际，制定本办法。

一、组织机构

考核评价工作在市委统一领导下进行，成立鹤山市镇级领导班子实绩考核评价工作领导小组，领导小组办公室（以下简称市考评办）设在市委组织部，负责对考核评价实施意见进行修改完善、解释说明和组织实施。

二、考评原则

（一）注重绩效，实事求是。

（二）公开、公平、公正。

（三）分类设置，客观科学。

三、考核评价范围和内容

各镇（街道）党政领导班子列入镇级实绩考核评价范围。采用分类、量化的方法，考核各镇（街道）的经济发展、社会治理、公共服务、满意度调查、督查督办项目等五大类工作完成情况，另设“一票否决及其他扣分事项”考核。

根据经济社会发展情况，将全市各镇（街道）分“优化发展区”“重点开发区”与“生态保护区”三个区域进行考核。其中“优化发展区”主要是沙坪，“重点开发区”包括雅瑶、古劳、龙口、桃源、鹤城、共和、址山，“生态保护区”包括宅梧、双合。不同区域的发展要求和指标权重均有所不同（详见附件）。

四、评分标准

（一）经济发展、社会治理、公共服务等指标的解释及评分标准另行制定。

（二）“满意度调查”由市委组织部组织实施。

（三）督查督办项目

主要考核镇（街道）承办市委、市政府主要考核目标工作的进展情况。由市直责任单位负责具体任务的量化分解、下达、提供数据，市委办、市府办负责项目的跟进和督办。

（四）一票否决及其他扣分事项

出现如下情形，在总分中扣减：

1．在安全生产、计划生育、综治（信访）维稳及其他工作中被一票否决的，每项扣10分，违法违纪行为扣分如下：

①单位班子或班子成员出现如下情形之一：发生职务犯罪、被刑拘或行拘、被追究刑事责任、受到留党察看或行政撤职及以上党纪政纪处分的，每人次扣10分；受到撤销党内职务或行政降级及以下党纪政纪处分的，每人次扣5分。

②普通干部职工或聘用人员（含直属事业单位，下同）出现如下情形之一：发生职务犯罪、被刑拘或行拘、被追究刑事责任的，每人次扣5分；违纪受到党纪政纪处分的，每人次扣3分。

③班子成员或普通干部违犯《中华人民共和国治安管理处罚法》的，每人次扣2分。

2．市委、市政府集体研究认定需要扣分的事项，酌情扣分。

五、考核评价程序

（一）开展满意度调查。

（二）市直部门提供考核评价数据。

（三）镇（街道）确认考核评价数据。

（四）市考评办整理汇总形成初步考核评价结果，经市实绩考核评价工作领导小组研究审核后，报市委、市政府审批。

（五）发文通报考核评价结果。

六、考核评价结果等次

镇（街道）实绩考核评价得分采用百分制计算。

得分=经济发展得分＋社会治理得分＋公共服务得分+满意度调查得分＋督查督办项目得分－一票否决及其他扣分事项扣分。

考核评价结果分“优秀”“良好”“较好”“一般”四个等次：

（一）“优秀”等次：得分在95分及以上。

（二）“良好”等次：得分在90—95分（不含95分）。

（三）“较好”等次：得分在85—90分（不含90分）。

（四）“一般”等次：得分在85分以下（不含85分）。

凡发生一票否决事项，考核评价结果降低一个等次。

七、考核评价结果应用

（一）作为领导班子调整和干部任用、培训的重要依据。

（二）作为制定其他相关激励机制的重要依据。

（三）干部年度考核

1．对获评为“优秀”等次的单位，班子党政正职可直接评为“优秀”等次，副职和其他工作人员按20%的比例确定“优秀”名额。

2．对获评为“良好”等次的单位，班子党政正职可评为“优秀”等次，单位全体工作人员按15%的比例确定“优秀”名额。

3．对获评为“较好”等次的单位，班子党政正职不能评为“优秀”等次，副职和其他工作人员按15%的比例确定“优秀”名额。

4．对获评为“一般”等次的单位，党政班子及成员不能评为优秀，其他工作人员按15%的比例确定“优秀”名额。

八、有关要求

各考评主体单位要及时做好考核评价数据的收集核实工作。对帮助篡改统计资料、编造虚假数据的，予以通报批评；情节严重的，对主要领导和责任人员予以纪律处分。受评单位应正确对待考核评价工作，不准弄虚作假。对故意违反规定，造成考核评价严重失真失实的，追究有关单位、人员责任。对以不当手段获取的荣誉称号，予以取消和追缴。

对考核评价结果存在异议的，受评单位可以向市考评办提出书面申诉，并附上相关证明材料。市考评办应在15日内对申诉做出答复。

【附件】

鹤山市镇级实绩考核评价指标体系

指标类别	考核指标	考核内容	权重		
			优化发展区	重点开发区	生态保护区
A经济发展 （优化区：35 重点区：40 生态区：26）	A1财政收入	增幅、税收占比、全市贡献率、人均税收收入发展速度	9	9	6
	A2固定资产投资	固投总额、工业投资占比、实际利用外资额	5	7	2
	A3提质增效	规上企业工业增加值增速、规上企业净增数、自主创新指数、整治提升“两低”企业数、闲置土地处置、亩产税收增幅、每度电工业增加值、社会消费品零售	20	20	6
	A4现代农业	新型农民专业合作组织建设、农业龙头企业和家庭农场发展、品牌农业发展、旅游产业	1	4	12

（续表）

指标类别	考核指标	考核内容	权重		
			优化发展区	重点开发区	生态保护区
B社会治理 （优化区：30 重点区：25 生态区：35）	B1安全指数	信访维稳、安全生产、刑事犯罪率、食品安全	9	9	9
	B2农村（社区）建设	精准扶贫、“三资”管理、“五化一提高”新农村建设	4	5	8
		社区治理	6	0	0
	B3环境保护	环境治理、耕地保存增减率、生态林保存增减率、禽畜养殖污染治理	7	7	14
	B4党建工作	党风廉政建设、直联制工作	4	4	4
C公共服务 （优化区：10 重点区：10 生态区：14）	C1便企便民	镇级行政服务中心运作、村（社区）公共服务站运作、购买社会工作服务完成率	4	4	6
	C2民生保障	社保工作、教育卫生事业公共服务、底线民生、养老助残	6	6	8
D满意度调查（5分）	民主测评、民意调查、基层党建述职评议		5	5	5
E督查督办项目（20分）	市委、市政府主要考核目标工作的完成情况		20	20	20
F一票否决及其他扣分事项	违法违纪、安全生产、计划生育、综治（信访）维稳及市委、市政府集体研究认定需要扣分的其他事项		—	—	—

附录二

鹤山市公共部门绩效考核评价实施办法

根据党的十八大精神和中组部《关于改进地方党政领导班子和领导干部政绩考核工作的通知》的要求，为贯彻落实市委、市政府的各项决策和工作部署，促进市公共部门加强效能建设和改进机关作风，推动全市经济、政治、文化、社会、生态文明建设的全面协调与可持续发展。

一、组织机构

考核评价工作在市委领导下进行，成立鹤山市公共部门绩效考核评价工作领导小组，领导小组办公室（以下简称市考评办）设在市委组织部，负责对考核评价实施意见进行修改完善、解释说明和组织实施。

二、考评原则

（一）注重绩效，实事求是。

（二）公开、公平、公正。

（三）分类设置，客观科学。

三、考评范围和内容

市直的党政群机关、人大机关、政协机关、部分的垂直管理部门和事业单位列入市公共部门绩效考核评价范围。依据受评单位的行政职能、服务对象和服务性质，分A、B、C三类单位进行考评（详见附件1）。

考评内容由个性工作、共性工作、工作评价、嘉奖加分、一票否决及其他扣分事项等五大类组成（详见附件2，详细评分标准另行制定）。

四、考评程序

（一）各考评主体单位负责提供相关考核意见和依据；

（二）市考评办负责组织开展日常及年终的各类考评工作，整理汇总形成初步考评结果；

（三）初步考评结果经市绩效考评工作领导小组研究审核后，报市委、市政府审批；

（四）发文通报考评结果。

五、考评结果等次

（一）市公共部门绩效考核评价得分采用百分制计算：

得分＝个性工作得分＋共性工作得分＋工作评价得分＋嘉奖加分－一票否决及其他扣分事项扣分。

（二）考评结果按A、B、C三类单位得分情况排列，分“优秀”“良好”“一般”“较差”四个等次：

1．“优秀”等次（10个单位）：A类得分前4名，B类、C类得分前3名。

2．“良好”等次（10个单位）：A类得分第5至8名，B类、C类得分第4至6名。

3．“一般”等次：除“优秀”“良好”及“较差”外，其余单位为“一般”等次。

4．“较差”等次：总分低于60分，且在该类单位中排名最后一位。

凡发生一票否决事项，考评结果降低一个等次。

（三）从10个优秀单位中再次评选5个优秀标兵单位，具体评价办法另行制定。

六、考评结果应用

（一）考评意见和结果，作为领导班子调整和干部任用、培训的重要依据。

（二）干部年度考核

1．对获评为“优秀”等次的单位，班子党政正职可直接评为“优秀”等次，副职和其他工作人员按20%的比例确定“优秀”名额。

2．对获评为“良好”等次的单位，班子党政正职可评为“优秀”等次，单位全体工作人员按15%的比例确定“优秀”名额。

3．对获评为“一般”等次的单位，班子党政正职不能评为“优秀”等次，副职和其他工作人员按15%的比例确定“优秀”名额。

4．对获评为“较差”等次的单位，单位所有工作人员不能评为“优秀”等次。

（三）作为制定其他相关激励机制的重要依据。

（四）对被评“较差”等次单位的处理

1．单位领导班子须作深刻的自查，并向市绩效考评工作领导小组作出书面整改报告。

2．市纪委、市委组织部对该单位党政正职和有关领导班子成员进行诫勉谈话或作岗位调整处理。

处罚意见经市委批准后，送有关部门执行。

七、有关要求

1．各考评主体单位要及时做好数据的统计报送工作。对擅自篡改数据资料的，予以通报批评；情节严重的，追究有关人员责任。

2．受评单位要正确对待考评工作，不得弄虚作假。对违反规定造成考评结果失实的，追究有关人员责任，并追缴有关荣誉。对考评结果存在异议的，受评单位可以向市考评办提出书面申诉，并附相关证明材料。市考评办要在15日内作出答复。

【附件1】

鹤山市公共部门分类名单

根据51个公共部门的行政职能及服务群众的情况，分A、B、C三类（排名不分先后）。

A类单位（17个）：市教育局、市公安局、市司法局、市人力资源社会保障局（社保局）、市国土资源局、市环境保护局、市住房城乡建设局、市交通运输局、市卫生计生局（红十字会、卫监所）、市城乡规划局、市食品药品监管局、市城管局、市市场监管局、鹤山广播电视台、鹤山供电局、市地税局、鹤山公路局。

B类单位（17个）：市发展改革局、市科工商务局、市民政局、市财政局（资产办、国企党工委）、市水务局、市农林渔业局、市文广新局、市审计局、市统计局、市安全监管局、市粮食局、市体育局、市档案局（馆）、市旅游局、市供销社、市烟草专卖局、市气象局。

C类单位（17个）：市委办公室、市人大机关、市府办公室、市政协机关（农工民主党鹤山总支办）、市纪委（监察局）、市委组织部（老干局、直属工委）、市委宣传部、市委统战部（侨务局）、市委政法委、市编委办、市社工委、市委党校、市总工会、团市委、市妇联、市工商联、市残联。

【附件2】

鹤山市公共部门绩效考评指标体系

序号	一级指标	二级指标	三级指标	权重（分）	
				A类	B、C类
1	个性工作督查督办	列入市委、市政府主要考核目标工作的承办情况		40	
2	共性工作	执行市委、市政府工作制度、信访、投诉、保密、党建、宣传、综治维稳、财经纪律、计划生育、档案等工作情况		15	
3	工作评价（45分）	各级领导评价（30分）	市四套班子正职领导评价	10	
			市四套班子副职领导评价	8	
			市公共部门及镇街的党政正职评价	7	
			镇街党政副职评价	5	

（续表）

<table>
<tr><th rowspan="2">序号</th><th rowspan="2">一级指标</th><th rowspan="2" colspan="2">二级指标</th><th rowspan="2">三级指标</th><th colspan="2">权重（分）</th></tr>
<tr><th>A类</th><th>B、C类</th></tr>
<tr><td rowspan="5">3</td><td rowspan="5">工作评价
（45分）</td><td rowspan="5" colspan="2">基层群众评价
（15分）</td><td>窗口现场评价</td><td>5</td><td>0</td></tr>
<tr><td>镇街干部对口评价</td><td>0</td><td>5</td></tr>
<tr><td>网上评价</td><td colspan="2">2</td></tr>
<tr><td>两代表一委员评价</td><td colspan="2">5</td></tr>
<tr><td>民主测评</td><td colspan="2">3</td></tr>
<tr><td rowspan="2">4</td><td rowspan="2">嘉奖加分</td><td colspan="2">荣誉称号</td><td>按获奖等次分别加分</td><td rowspan="2" colspan="2">在总分中加分，最多加2分</td></tr>
<tr><td colspan="2">突出贡献</td><td>按受肯定领导机关等次分别加分</td></tr>
<tr><td rowspan="10">5</td><td rowspan="10">一票否决及其他扣分事项</td><td rowspan="4">一票否决</td><td>违法违纪</td><td>按具体违法违纪行为类别扣分</td><td rowspan="4" colspan="2">在总分中扣分，不评先评优</td></tr>
<tr><td>计划生育</td><td>违反计划生育政策的，每人次扣10分</td></tr>
<tr><td>乱收费</td><td>乱收费或收费混乱的，每项次扣10分</td></tr>
<tr><td>安全生产</td><td>发生较大以上安全生产责任事故的，每宗扣10分</td></tr>
<tr><td rowspan="3" colspan="2">明察暗访</td><td>作风检查</td><td rowspan="3" colspan="2">在总分中扣分，每项最多扣5分</td></tr>
<tr><td>电子监察</td></tr>
<tr><td>投诉查核</td></tr>
<tr><td rowspan="3" colspan="2">其他扣分事项</td><td>“两代表一委员”提案议案建议</td><td rowspan="3" colspan="2">在总分中扣分</td></tr>
<tr><td>市委、市政府交办的其他重要工作完成情况</td></tr>
<tr><td>市委、市政府认定的其他扣分事项</td></tr>
</table>

参考文献

[1] 阎刚平.县域科学发展方法论 [M].北京：中共中央党校出版社，2009：总论1-3.

[2] Ay Mishafritz，AlbertC，Hyde. Classics of Public Administration. Chicago：The Dorsey，pp325，1987.

[3] 卢梭. 社会契约论 [M] .北京：商务印书馆，2002：132.

[4] 马克·彼特拉克.当代西方对民主的探索：希望、危险与前景 [J].国外政治学1989 (1) .

[5] 俞可平.增量民主有三条现实路径 [N].南方都市报，2007-02-21 (A10) .

[6] 陈国权，王柳.基于结果导向的地方政府绩效评估——美国凤凰城的经验及启示 [J].浙江学刊，2006 (2).

[7] 周永亮.本土化执行力模式 [M]. 北京：中国发展出版社，2004.

[8] 叶育登.信息的透明度 政府的公信力 社会的凝聚力 [J].中国行政管理，2004 (4) .

[9] 乔治·弗雷德里克森等.公共行政的精神 [M]. 张成福等，译.北京：中国人民大学出版社，2003.

[10] 贺方.回归公众本位才能考出真正的政府绩效 [N].羊城晚报，2009-10-13 (A2) .

[11] 陈爱金.从乡镇政府绩效考评看其职能发挥 [J].云南行政学院学报，2005 (5) .

[12] 陈强.改革开放30年来我国地方政府绩效评估的回顾与思考 [J].经济社会体制比较，2008 (6) .

[13] 岳文秀，郝景楼.地方政府绩效评估实践的有益探索 [J].辽宁行政学院学报，2009 (2) .

[14] 孟华.政府绩效评估——美国的经验与中国的实践 [M].上海：上海人

民出版社，2006：144.

[15] H.G.Frederickson. Social equity and public administration：A Symposium. Public Administration Review.1974（3）.

[16] ［美］乔治·弗雷德里克森.公共行政的精神［M］.北京：中国人民大学出版社，2003:142.

[17] ［美］康特妮，马克·雷哲，张梦中.新公共行政:寻求社会公平与民主价值［J］.中国行政管理，2000（2）.

[18] OECD. Public Management Developments:1990. Paris：OECD. p. 11.

[19] Hood. Christopher. A public management for all seasons? Public Administration,1991（1）.

[20] ［澳］欧文·E.休斯.公共管理导论［M］.彭和平，周明德，金竹青，译，北京：中国人民大学出版社，2001：64－66.

[21] ［美］珍妮特·V.登哈特，罗伯特·B. 登哈特. 新公共服务：服务而不是掌舵［M］，北京：中国人民大学出版社，2004：前言.

[22] 彭国甫，郑小玲.KPI及其在地方政府战略管理绩效考评中的应用［J］. 甘肃行政学院学报，2007（3）.

[23] http://www.hsfb.gov.cn/zwxx/797.html.

[24] ［美］尼古拉斯·亨利.公共行政与公共事务［M］.张昕等，译. 北京：中国人民大学出版社，2002：320.

[25] 邓国胜，肖明超等.群众评议政府绩效理论、方法与实践［M］.北京：北京大学出版社，2006：63-64.

[26] 郑方辉，朱一中.民意市场研究理论方法与典型报告［M］.北京：中国经济出版社，2007：274-278.

[27] 邓小平.邓小平文选（第3卷）［M］.北京：人民出版社，1993：372.

[28] 邓国胜，肖明超等.群众评议政府绩效理论、方法与实践［M］.北京：北京大学出版社，2006：53.

[29] 高洪成.政府绩效评估在困惑中前行，http://www.chinahrd.net/

zhi_sk/jt_page.asp?articleid=49958.
[30] [美] 约瑟夫·E.斯蒂格利茨.经济学 [M].北京：中国人民大学出版社，2001：29-31.
[31] 付亚，许玉林.绩效考核与绩效管理 [M].北京：电子工业出版社，2004。
[32] 杜娟.我国地方政府绩效评估实践回顾与展望 [J].黑龙江社会科学，2009（2）.
[33] 崔连波.美国政府绩效评估的实践及其对我国的启示 [D].济南：山东大学，2006.
[34] 陈通，王伟.基于平衡记分卡的政府绩效评价研究 [J].西安电子科技大学学报：社会科学版，2006（3）.
[35] 邓文.地方政府公司化削弱社会信任感 [N].上海商报，2009-07-02.
[36] 方振邦.战略与战略性绩效管理 [M].北京：经济科学出版社，2005.
[37] 冯秋婷.促进科学发展的干部考核评价机制建设 [M].北京：中共中央党校出版社，2009.
[38] 冯利民.地方政府绩效管理存在的问题和对策 [J].理论研究，2006（3）.
[39] 范柏乃.韩国政府绩效评估及其对中国的借鉴意义 [J].公共管理学报，2006（4）.
[40] 胡宁生.构建公共部门绩效管理体系 [J].中国行政管理，2005（3）.
[41] 候黎.中国政府公共部门绩效评估——发展现状与路径探析 [D].南京：南京师范大学，2006.
[42] 景珊.我国公共部门绩效评估研究 [J].当代经济，2007（10）.
[43] 卡普兰，诺顿.战略中心型组织 [M].北京：人民邮电出版社，2003.
[44] 刘建国.政府部门绩效评估：中国的实践与反思 [J].辽宁行政学院学报，2008.
[45] 李鲁红.平衡记分卡：政府绩效管理的新路径 [J].新乡学院学报：社会科学版，2009（6）.
[46] 潘晔.中国共产党知识分子政策的变迁与创新 [M].武汉：武汉理工大

学出版社，2008.
[47] 秦通.我国县级政府绩效评估研究［D］.北京：首都经济贸易大学，2011.
[48] 秦国民.西方国家政府绩效评估的新趋势［J］.中国行政管理，2008，(5).
[49] 谭力文，吴先明.战略管理［M］.武汉：武汉大学出版社，2006.
[50] 王晓冉.中西方政府公共部门绩效评估理念比较研究［D］.济南：山东师范大学，2009.
[51] 吴江.基于价值管理的政府绩效评估体系研究［D］.长春：吉林大学，2007.
[52] 马骏,郭巍青.公共管理:新的研究方向［J］. 武汉大学学报：社会科学版，2002（1）.
[53] 郑方辉,廖鹏洲. 政府绩效管理:目标、定位与顶层设计［J］.中国行政管理，2013（5）.
[54] 杨洪.政府绩效管理——深圳的探索与实践［M］.北京：新华出版社，2011.
[55] 郑方辉，卢扬帆，卞潇.中国政府绩效评价红皮书（2014）［M］.北京：新华出版社，2014.
[56] 张子兴，曹小华，贾伟.佛山绩效管理——模式与实务［M］.北京：新华出版社，2014.
[57] 王乐夫，倪星.我国经济社会转型期的政府管理创新研究［J].学术研究，2005（11）.
[58] 王宣明.经济社会转型视域下的政府管理创新［J].社科纵横：新理论版，2011（6）.

后记

/ 甄荣毅

2003年开始，基于提高政府执行力和促进地方社会经济发展，我们摸着石头过河，积极探索开展政府绩效考核评价，2010年荣获“全国政府绩效管理创新示范点”。2012年，我们入选为广东省政府绩效管理试点工作单位。2014年，由人民论坛杂志社发起组织评选首届国家治理高峰论坛暨治理创新100佳优秀成果，鹤山政府绩效管理模式入选“政府创新十佳经验”。这是广东省委、省政府以及学术团体、新闻媒体对我们先行先试工作的肯定，也是对我们“创造鹤山品质，促进幸福共享”的鼓励和鞭策。

从绩效评价全面提升为绩效管理，我们再次感悟到科学发展观的时代内涵。围绕政府绩效，从2004年正式建立评价制度到现在逐步完善管理机制，整整十年了。鹤山市纪委监察局、市委组织部、市编委办及财政局、统计局等部门通力合作，不断探索实践、总结经验、开拓创新。十年来，我们的政府机构设置得到进一步优化，机关作风明显好转，经济社会加速发展。时代发展告诉我们，绩效考核评价仅仅是一项专项活动，是管理的一个环节。只有把对政府的绩效考核融入到整个政府的管理活动中，成为政府发现问题、改善管理、提高绩效的有力武器，我们才能调动一切积极因素，全面完成党的十八大确定的目标和任务，打造人民群众满意的政府。

从绩效评价提升为绩效管理，我们再次凝聚了解放思想的智慧和力量。政府绩效管理是一项新生事物，我们也觉得难度很大。广东省纪委监察厅领导给予我们极大的信心和鼓励，多次过问试点工作进展和效果。江门市委常委、纪委书记周伟万，纪委常委张华等领导对我们十分关心和支持，多次到鹤山调研，提出具体指导性意见。鹤山市委书记、市人大常委会主任伍培进，市委副书记、市长谢锦波对绩效管理工作高度重视，并明确“绩效管理是政府工作的指挥棒”，要用科学的管理手段保障和促使全市科学发展。同时，我们调动全市精干力量，成立体系完善组、创新管理组、制度建设组、宣传资料组和后勤保障组5个专责小组，他们立足本职，建言献策，辛勤劳动，确保了试点工作开局顺利，取得了明显效果。

从绩效评价提升为绩效管理，我们再次增强了攻坚克难的信心和技能。我们走出去，引进来，学习借鉴了广州市荔湾区、深圳市罗湖区、江苏省昆山市和张家港市等地区的先进经验，并实践探索了一些绩效管理的方法和技术。例如在农村“三资”管理、政府采购、产权交易、财政性资金等方面，我们通过电子监察手段进行了过程监控，并与中山大学软件设计学院合作，共同研发了信息资源共享平台和绩效信息管理系统。这些都是“鹤山特色”的创新之举，必将大大提高绩效管理的效率和质量。

本书是承前启后之作，印证了我们探索开展政府绩效管理的十年艰辛历程。“路漫漫其修远兮，吾将上下而求索”。2009年，杨健平、张学东、李文彬牵头编著的《县域政府绩效考核评价——鹤山实践》由中国统计出版社出版。他们开了鹤山政府绩效管理工作的先河，积累了宝贵的经验。我们在此基础上不断完善，终于不辱使命，完成试点工作，本书就是对十年的绩效管理工作做回顾和提炼。华南理工大学公共管理学院李文彬、李旭辉等老师长期关注鹤山模式，作为一个重点研究课题，共同编著本书。感谢广东省纪委副书记陈伟东同志及刘旭涛、郑方辉等专家学者，一直关注鹤山实践，在百忙中专门为本书作序。同时要感谢南方日报出版社的支持，使本书得以顺利出版。

2015年4月于鹤山

（作者系中共广东省鹤山市委常委、市纪委书记）